Jamal Qaiser
Markus Miksch

COVID-19
Falsche Pandemie

Jamal Qaiser
Markus Miksch

COVID-19
Falsche Pandemie

Die fatalen Fehler der WHO und ihre verhängnisvollen Folgen

Diplomatic Council Publishing

1. Auflage 2020
Alle Bücher von Diplomatic Council Publishing werden sorgfältig erarbeitet. Dennoch übernehmen Autoren, Herausgeber und Verlag in keinem Fall einschließlich des vorliegenden Werkes, für die Richtigkeit von Angaben, Hinweisen und Ratschlägen sowie für eventuelle Druckfehler irgendwelche Haftung.

© 2020 Diplomatic Council Publishing, Mühlhohle 2, 65205 Wiesbaden, Germany

Bibliografische Information der Deutschen Nationalbibliothek

Die Deutsche Nationalbibliothek verzeichnet diese Publikation in der Deutschen Nationalbibliografie; detaillierte bibliografische Daten sind im Internet über http://dnb.d-nb.de abrufbar.

Printed in the Federal Republic of Germany.

Coverfoto: Movie Elements

Gestaltung und Satz: Peter Kirchner, Wien

Gedruckt auf säurefreiem Papier.

Print ISBN: 978-3-947818-15-0

„Ich teile Ihre Meinung nicht, aber ich würde mein Leben dafür ein-
setzen, dass Sie sie äußern dürfen."
François-Marie Arouet, genannt Voltaire, Vordenker der Aufklärung

Die Veröffentlichung dieses Buches im Verlag des Diplomatic Council, einem globalen Think Tank mit *UN Consultative Status*, bedeutet nicht, dass sich das Diplomatic Council und/oder seine Mitglieder
mit dem Inhalt gemein machen. Im Sinne der Aufklärung steht es
dem Verlag einer „Denkfabrik" indes gut an, zu einem der wichtigsten Themen des Jahres 2020 strittige Meinungen zu Wort kommen
zu lassen.
Das vorliegende Werk stellt zweifelsohne eine veritable Streitschrift
dar.
Das Diplomatic Council gehört zum engsten Beraterkreis der Vereinten Nationen (United Nations Organisation, UNO), denen die
Weltgesundheitsorganisation (World Health Organisation, WHO)
angegliedert ist. Ausdrücklich unterstützt das Diplomatic Council
das Konzept des Multilateralismus, also des gemeinsamen Handelns
der Völker zum Wohle der Menschheit. Gerade deswegen ist es wichtig, multilaterale Institutionen wie die UNO und die WHO kritisch
zu begleiten und ihr Handeln zu hinterfragen. In diesem Sinne ist
das vorliegende Werk als berechtige, konstruktive Kritik zu verstehen.

„Wer Kritik übel nimmt, hat etwas zu verbergen."
Helmut Schmidt, Bundeskanzler und Elder Statesman

Inhalt

Vorwort

Die Corona-Pandemie zählt zu den schlimmsten weltweiten Viruserkrankungen des neuen Jahrtausends. Millionen Menschen wurden mit SARS-CoV-2 infiziert und Hunderttausende starben an der Krankheit COVID-19. Das neuartige Coronavirus sorgte außerdem für einen weltweiten wirtschaftlichen Schaden, der zu den größten der modernen Menschheitsgeschichte zählt. Zusätzlich starben weitere unzählige Menschen an den Folgen dieser Pandemie. Massenhafte Suizide, Todesfälle durch aufgeschobene, notwendige Operationen, Hunger, Angst. Dazu kommen Gewaltdelikte innerhalb der Familie, die durch wochenlange Ausgangsbeschränkungen statistisch nach oben schnellten.

Die Welt stand gewissermaßen am Abgrund, war mit einem Schlag von 100 auf beinahe Null gestellt worden. Plötzlich gingen die Menschen nur noch mit Schutzmasken in die Supermärkte, zum Arzt, auf die Arbeit. Es entstand eine neue Angst vor persönlicher Nähe. Jeder konnte infiziert sein, konnte das schreckliche Virus in sich tragen. Teilweise breitete sich Panik vor der scheinbar todbringenden Krankheit aus. In einigen Ländern kamen Soldaten in die Städte und schafften die Leichen auf LKW weg, weil viele Friedhöfe überfüllt waren.

Glücklicherweise reagierte die Weltgesundheitsorganisation prompt, rief die Pandemie aus und verhinderte dadurch womöglich Schlimmeres. So konnten diese zwar einschneidenden, doch notwendigen Maßnahmen ergriffen werden, wodurch vermutlich unzählige Leben gerettet wurden. Dank der WHO konnte eine der schrecklichsten Virenepidemien, möglicherweise die

Schlimmste seit dem Ausbruch der Pest im 14. Jahrhundert, noch rechtzeitig gestoppt werden.

Doch war das wirklich der Fall?

In monatelangen Recherchen trugen die Autoren sämtliche Nachrichten und Berichte aus den unterschiedlichsten internationalen Medien zusammen. Dadurch ergab sich Stück für Stück ein Bild der gesamten Situation. Dieses Buch beweist, dass die WHO diese Pandemie nie hätte ausrufen dürfen, dass Maßnahmen wie Ausgangssperren und wirtschaftlicher Lockdown am Ende viel mehr Menschenleben kosteten, als dadurch gerettet wurden.

Es steht außer Frage, dass es sich bei SARS-CoV-2 um ein hochinfektiöses Virus handelt und Menschen an COVID-19 starben. Auf der anderen Seite bleibt unklar, ob das neuartige Coronavirus tatsächlich so hohe Opferzahlen forderte oder ob weltweit lediglich einige wenige Menschen starben. So ergaben Studien von international angesehenen Wissenschaftlern ein vollkommen anderes Bild, als es uns die WHO darstellte.

In diesem Buch wird das Wirken der Weltgesundheitsorganisation ausführlich beschrieben, es zeigt die Verdienste dieser Organisation ebenso auf, wie die vielen Skandale in der Vergangenheit. Es wirft vermutlich ein vollkommen anderes Bild auf die WHO, als vielen Menschen bekannt sein dürfte. Es zeigt die Rolle der Geldgeber dieser Unterorganisation der Vereinten Nationen auf, ihre Verstrickungen im internationalen Gesundheitswesen, ihre Beteiligungen an Organisationen und Medienunternehmen, wie etwa das *Robert Koch Institut*, *DER SPIEGEL* und *DIE WELT*. Es hebt den Vorhang der mächtigen Unternehmen aus der Pharmawelt, die im Rahmen der Corona-Pandemie eine Rolle spielen.

Auch wird in diesem Werk die Entstehung des Virus analysiert, wie es sich verbreitete und es zeigt bislang nur wenig bekannte Theorien, woher es tatsächlich stammt. Ebenso wird die Rolle von Beratern der deutschen Bundesregierung beleuchtet und es gibt einen Einblick darüber, welch teils lautstarke Kontroversen auf politischer Ebene in verschiedenen Ländern über die Vorgehensweise im Rahmen der Corona-Pandemie geführt wurden. Schließlich gab es nicht nur in Deutschland eine teilweise große Skepsis bezüglich der getroffenen Maßnahmen und der Qualität der veröffentlichten Statistiken über Infektionsraten und Todesfälle. Dieses Buch sorgt für Klarheit in möglicherweise einem der größten Skandale, die es auf dieser Welt jemals gab.

Zudem kommen einige der so genannten Verschwörungstheoretiker zu Wort. Wissenschaftler und Mediziner, die diese Maßnahmen von Anfang an kritisch betrachteten. Welche Meinung vertreten sie im Detail und worauf berufen sie ihre Thesen? Diese Fragen werden in diesem Buch beantwortet und es zeigt sich, dass es sich dabei um keine wirren Theorien handelt, die jeglicher Logik entbehren. Vielmehr sind es solide Erkenntnisse und es stellt sich die Frage, aus welchem Grund Menschen plötzlich von den Medien abgestempelt werden, die noch vor wenigen Jahren als wissenschaftlich höchst integer galten. Es gibt jedoch auch andere Personen, die mit teilweise abstrusen Theorien auftreten. In diesem Buch beschränken sich die Autoren auf Informationen, die auf Fakten basieren, einer konstruktiven Diskussion standhalten könnten oder durch wissenschaftliche Arbeiten belegbar sind. Das bedeutet, jegliche Thesen, die fern von einer vertretbaren Realität existieren, kommen in diesem Buch ebenso wenig vor, wie diese vielen gefälschten Informationen oder angeblichen Interviews mit bekannten Persönlichkeiten, die teilweise ausgesprochen intensiv in den sozialen Medien diskutiert wurden.

Den Abschluss dieses Buches bilden konkrete Empfehlungen
der Autoren, wie man jetzt und in Zukunft in derartigen Situationen verfahren sollte.

Es könnten noch viel mehr Daten, Fakten und Meinungen in
dieses Buch kommen. Man könnte die Hochrechnungen und
Schätzungen des RKI zerpflücken und findet dabei garantiert
einige Ungereimtheiten und vieles mehr. Doch das Ziel dieses
Buches bestand nicht darin, ein Sammelsurium von Analysen
zu werden, sondern es möchte aufzeigen, dass während der
Corona-Krise vieles falsch gelaufen ist. Vor allem auf der Seite
der WHO, aber auch in der Berichterstattung und letztlich bei
den Maßnahmen der Regierungen in verschiedenen Ländern.

Zum Schluss weisen wir darauf hin, dass selbst bei kritischer
Betrachtung einzelner Maßnahmen grundsätzlich und immer
die Vorgaben der Bundesregierung und der Exekutive zu befolgen sind. Dieses Buch möchte aufklären und es werden keine
Handlungsempfehlungen ausgesprochen. Wenn beispielsweise
ein Mindestabstand vorgeschrieben wird – vielleicht in Verbindung mit dem Tragen eines Mund- und Nasenschutzes – dann
sollte dies uneingeschränkt eingehalten werden.

Kapitel 1 – Die WHO

Spätestens seit der Ausrufung der Coronavirus-Pandemie ist die Weltgesundheitsorganisation, engl. World Health Organization auch kurz „WHO" genannt, jedem bekannt. Nicht zuletzt deshalb, weil unser Alltag durch die von dieser Organisation eingeleiteten – oder empfohlenen – Maßnahmen teilweise dramatisch verändert wurde. Es steht außer Frage, dass die Weltgesundheitsorganisation für viele positive Entwicklungen sorgte. So wurden etwa dank ihres Engagements die Pocken ausgerottet ebenso wie die Kinderlähmung in den meisten Teilen der Welt. Doch leider ist nicht alles so erfreulich. Wie in diesem Buch noch dargelegt wird, verloren viele Menschen ihr Leben durch die gesundheitlichen und wirtschaftlichen Auswirkungen der WHO-Beschlüsse im Rahmen der Corona-Pandemie.

Beispiele vorab? Alleine im April 2020 starben beispielsweise in Großbritannien über 10.000 Menschen häufiger an Demenz als im Vergleichszeitraum 2019.[1] Der Grund liegt darin, dass unzählige Behandlungen und Therapien in Pflegeheimen während der Coronakrise verschoben oder nur ungenügend weitergeführt wurden. Doch nicht nur dort, sondern auch in Krankenhäusern schob man viele – oftmals lebensnotwendige – Operationen auf. Die Zahl der OP-Ausfälle ist erschreckend und auf dieses Thema wird in Kapitel 8 noch ausführlicher eingegangen.

Sehr viele Menschen starben nicht an der Infektion mit dem neuartigen Coronavirus, sondern an den vielfältigen wie weitreichenden Folgen der verhängten Maßnahmen. Das sollte allen bewusst sein. Man schürte Angst innerhalb der Bevölkerung zahlreicher Länder und daraus entstanden Effekte, die sich nachhaltig auf die Gesundheit vieler Menschen auswirkten und auch in Zukunft noch auswirken werden.

Durch die in Deutschland verhängten Ausgangsbeschränkungen und den so genannten „Lockdown" bzw. „Shutdown", also der Schließung aller Geschäftstätigkeiten für Unternehmen und Dienstleister, die nicht als systemrelevant gelten, werden vermutlich tausende Insolvenzen die Folge sein. Nicht nur das, viele Menschen stehen dadurch vor der Arbeitslosigkeit oder erleben zumindest erhebliche finanzielle Einbußen. Das weltweite Wirtschaftswachstum wurde durch diese Pandemie nicht nur abgebremst, sondern es stürzt mit hoher Wahrscheinlichkeit in einen Abgrund noch nie dagewesenen Ausmaßes. Die Wirtschaft wird viele Jahre, wenn nicht Jahrzehnte, benötigen, um sich wieder zu erholen. Es bleibt fraglich, ob das ursprüngliche Niveau jemals wieder erreicht wird.

Die Talfahrt der Aktienmärkte

Keine Frage, die Veränderungen, die durch die ausgerufene Pandemie entstanden, bringen nicht nur Verlierer mit sich. Einige wenige Unternehmen, Investoren und Privatpersonen nutzten diese Situation, um Kapital daraus zu schlagen. Gewaltiges Kapital.

Jene Pharmaunternehmen etwa, die als erste einen Impfstoff gegen das SARS-CoV-2-Virus entwickeln und auf den Markt bringen, verdienen mit hoher Wahrscheinlichkeit viele Milliarden Euro. Diese Konzerne werden dadurch ihre Gewinne und Aktienkurse in gewaltige Höhen treiben und damit ihren Investoren einen wahren Geldregen bescheren. Apropos Aktienmärkte: Durch die wirtschaftliche Talfahrt und die hierdurch verbundenen Einbrüche an den Börsen – so stürzte beispielsweise der Deutsche Aktienindex (DAX) von zuvor 13.000 auf teilweise unter 9.000 Punkte hinunter – befanden sich die Aktien vieler Konzerne auf einem historischen Tiefstand. Für Investoren, Reiche und Superreiche also ein idealer Zeitpunkt, um Unter-

nehmensanteile zu kaufen und auf Sicht betrachtet, das eigene
Vermögen gewaltig aufzustocken.

Die Entscheidung der WHO hat unser aller Leben in noch nie
dagewesener Weise massiv beeinflusst. Es stellt sich an dieser
Stelle die Frage, ob die Entscheidung der Weltgesundheitsorganisation, die Corona-Epidemie zur Pandemie hochzustufen,
überhaupt notwendig war. Es sieht alles danach aus, dass diese
Frage mit Nein zu beantworten ist. Welche Argumente für diese
Schlussfolgerung sprechen wird im Laufe dieses Buches schrittweise aufgearbeitet.

Wenn die Ausrufung der Pandemie ein Fehler war, ein überzogener Schritt, dann bleibt offen, was die WHO dazu veranlasste, sich so zu verhalten. Um das zu verstehen ist es notwendig zu wissen, wie diese Organisation entstand, wie sie aufgebaut ist und vor allem, woher sie überhaupt die Gelder erhält,
um ihrer Tätigkeit nachzugehen.

Ein korrupter WHO-Generaldirektor?

Bereits im Jahr 1945 entstand in San Francisco, im Rahmen
der Gründerkonferenz der Vereinten Nationen, die Idee, eine
Weltgesundheitsorganisation zu gründen. Der Grundgedanke
bestand schon zu dieser Zeit darin, über Staatengrenzen hinweg
sämtliche Anstrengungen zu bündeln, um Krankheiten zu besiegen und der gesamten Menschheit ein bestmögliches Gesundheitsniveau zu ermöglichen.

Am 22. Juli 1946 wurde die Verfassung der Weltgesundheitsorganisation verabschiedet und von 61 Staaten ratifiziert. Am 7.
April 1948 trat die WHO schließlich als Sonderorganisation
innerhalb der neu gegründeten Vereinten Nationen in Kraft
und bezog ihren Hauptsitz in Genf. Dieser Tag gilt als die Ge-

burtsstunde der Weltgesundheitsorganisation.

Heute umfasst die Organisation insgesamt 194 Mitgliedstaaten. Dazu zählen alle UN-Staaten mit Ausnahme des Fürstentums Liechtenstein. Zudem besitzen folgende Völkerrechtssubjekte einen Beobachterstatus: der Heilige Stuhl (der bischöfliche Stuhl der Diözese Rom), der Malteserorden, das Internationale Rote Kreuz und die palästinische Autonomiebehörde. Ein Völkerrechtssubjekt ist übrigens kein Staat im klassischen Sinne, jedoch besitzt es völkerrechtliche Rechte und Pflichten.

Die WHO wird seit 2017 von Dr. Tedros Adhanom Ghebreyesus geleitet. Er wurde 1965 in Asmara, in Äthiopien, geboren und ist Biologe sowie Immunologe. In seinem Heimatland war er außerdem Gesundheits- und Außenminister, bevor er für eine Amtszeit von fünf Jahren zum Generaldirektor der WHO ernannt wurde.[2]

Obwohl Ghebreyesus keine medizinische Ausbildung besitzt – er promovierte als *Doctor of Philosophy* im Fach *Community Health* –, verfügt er über einige Erfahrung mit globalen gesundheitlichen Herausforderungen. Im Gegensatz zu allen seinen Vorgängern innerhalb der WHO war er zuvor in Äthiopien als Politiker tätig, und zwar in den Jahren 2006, 2009 und 2011 als Gesundheitsminister.

Während seiner Amtszeiten zeichnete er unter anderem für die Bekämpfung von drei Cholera-Epidemien verantwortlich, auch wenn er seine Aufgabe nicht ohne berechtigte Kritik ausführte. Er spielte diese Epidemien nämlich durchweg als lediglich „wässrigen Durchfall" herunter und WHO-Experten beschwerten sich damals darüber, dass sie über das Ausmaß der Epidemie von den zuständigen Beamten in Äthiopien belogen worden seien. Die Vorwürfe gingen sogar so weit, dass man Ghebreyesus in seinem Heimatland der Korruption bezichtigte und ihm vorwarf, Verbrechen gegen die Menschlichkeit begangen zu haben. So erschien am 5. September 2019 auf dem Online-Portal *Modern Ghana* ein Artikel mit dem Titel „Hat der Direktor der WHO Verbrechen gegen die Menschlichkeit begangen?", der für einiges Aufsehen sorgte.[3]

Dieser schwerwiegenden Anschuldigung ging ein offener Brief der *Amhara Professionals Union* (APU) auf der Website der äthiopischen Nachrichtenseite *Ethiopian News and Views* (E-CADF) voraus, der kurz vor der Ernennung von Dr. Tedros Adhanom Ghebreyesus zum WHO-Generaldirektor erschien.

Die APU ist eine in den USA ansässige Interessenvertretung, die sich aus Ärzten, Wissenschaftlern und Anwälten zusammensetzt. Ihr Brief basiert auf einem Forschungsbericht, der Ghebreyesus in nicht weniger als 13 Punkten vorwirft, für die Position des Präsidenten der WHO ungeeignet zu sein. Darin befinden sich Vorwürfe der Diskriminierung, Korruption und Verbrechen gegen die Menschlichkeit mit 2,5 Millionen Opfern. Dieser Bericht ist mehr als 70 Seiten lang und wurde den Mitgliedern der WHO vorgelegt. Nachfolgend eine Übersetzung des Anschreibens an die WHO-Mitglieder:[4]

„Sehr geehrter Herr/sehr geehrte Frau,

die Amhara Professionals Union (APU) präsentiert objektive Fakten über Dr. Tedros Adhanom Ghebreyesus, die beweisen, dass er nicht geeignet ist, einer der Finalisten für die Ernennung des Generaldirektors der WHO zu sein, geschweige denn zu gewinnen und diese Rolle in wenigen Monaten zu übernehmen.

Amharas ist eine der größten ethnischen Gruppen in Äthiopien und deckt mehr als ein Drittel der Bevölkerung ab. Die Amhara Professionals Union (APU) ist eine gemeinnützige Organisation mit Sitz in Washington DC, die sich aus Ärzten, Wissenschaftlern, Anwälten und anderen Fachleuten mit Amhara-Ursprung zusammensetzt.

Die APU verteidigt die Rechte und Interessen des Amhara-Volkes gegen die abscheulichen Verbrechen, die das derzeitige TPLF / EPRDF-Regime seit mehr als 25 Jahren begangen hat. Die APU glaubt, dass Dr. Ghebreyesus eine sehr schlechte Wahl für diese Position ist und dass er die Grundwerte, für die die WHO steht, in Ungnade fallen lässt.

Human Rights Watch und viele andere nationale und internationale Organisationen haben die von der TPLF/EPRDF geführte Regierung wegen Verbrechen gegen die Menschlichkeit und Gräueltaten gegen das äthiopische Volk vielfach kritisiert.

Das beigefügte Dokument liefert objektive Beweise dafür, warum die APU der Ansicht ist, dass es Dr. Ghebreyesus an Kompetenz, Unparteilichkeit, Verantwortung und Transparenz mangelt, die wir für eine Position dieser Größe für notwendig halten. Das Dokument enthält 13 Punkte, darunter:

Der Kandidat war nicht transparent, indem er das äthiopische Gesundheitsministerium gezwungen hatte, während seiner Amtszeit keine Cholera-Epidemie zu melden und die tödliche Epidemie auch nach Bestätigung der Diagnose von Vibrio Cholerae als akuten wässrigen Durchfall (AWD) zu bezeichnen. Die Priorität seiner Entscheidung bestand darin, die Auswirkungen der öffentlichen Anerkennung der Cholera-Epidemie auf den Tourismus und das Image seiner Partei zu verhindern, anstatt die internationale Gemeinschaft zu schützen und zu versuchen, den betroffenen Gebieten zu helfen. Dieser traurige Fehler führte zu einer landesweiten Epidemie.

Der Kandidat hat seine eigenen Bürger aufgrund ihrer ethnischen Zugehörigkeit unterschiedlich behandelt, entgegen dem Ziel der WHO, eine bessere und gesündere Zukunft für alle Menschen auf der ganzen Welt aufzubauen. Während die WHO bestrebt ist, das Leben benachteiligter und marginalisierter Gemeinschaften zu verbessern, ignorierte Dr. Ghebreyesus, selbst ein Nachkomme der Tigre-Ethnie, die Gesundheitsversorgung in Amhara. Von besonderem Interesse ist der Rückgang von 2,5 Millionen Mitgliedern der Amhara-Bevölkerung unter seinem Gesundheitsregime. Die Amharas waren Opfer aufgrund ihres ethnischen Hintergrunds.

Wir fordern die WHO-Mitglieder dringend auf, sich das beigefügte Dokument anzusehen: Rekrutierungsrichtlinien für Führungskräfte internationaler Organisationen: das fehlgeschlagene Experiment oder Dr. Tedros A. Ghebreyesus Kandidatur für die Position des Generaldirektors der WHO.“

Es ist gelinde gesagt unerträglich, dass jemand mit einem derartigen Makel zum Direktor der WHO gewählt wurde. Doch seine formalen Voraussetzungen schienen gut: Er studierte in Großbritannien Biologie und Immunologie und promovierte im Fach *Öffentliches Gesundheitswesen* – allerdings nicht Medizin. Er wurde 2017 zum ersten WHO-Chef, der kein Mediziner war.[5]
Zwischen 2005 und 2012 erhielt er dennoch als Äthiopiens Gesundheitsminister die Gelegenheit, das Gesundheitssystem dort auszubauen. Während dieser sieben Jahre entstanden in Äthiopien 3.500 Gesundheitszentren und es wurden 38.000 Hilfskräfte für die Versorgung in ländlichen Gegenden eingestellt. Die Zahl der Medizin-Hochschulen stieg von 3 auf 33, die Zahl der Ärzte wuchs exponentiell. Die Sterblichkeitsraten durch Tuberkulose und Malaria sanken um 74 beziehungsweise 64 Prozent. Die Infektionen mit HIV gingen um 90 Prozent zu-

rück. Ghebreyesus wird auch eine entscheidende Rolle bei der Verbesserung von Mutter-Kind-Gesundheit zugeschrieben, für die er sich seit 2009 als Co-Vorsitzender des WHO-Programms „Partnership for Maternal, Newborn and Child Healt'" (PMNCH) engagierte. In dem WHO-gestützten Netzwerk setzen sich rund 700 Organisationen in 77 Ländern für die Gesundheit von Müttern und Kindern ein.

Von 2012 bis 2016 war Tedros Außenminister Äthiopiens. Weder die WHO, noch die Welt der Diplomatie waren ihm also fremd, als es 2017 um die Besetzung der wichtigsten Position der Weltgesundheitsorganisation ging.[6]

Als er sich für den Posten des Generaldirektors der WHO bewarb, erzählte er immer und immer wieder die Geschichte vom Tod seines zwei Jahre jüngeren Bruders. Als er, Tedros, sieben Jahre alt war, erlag sein Bruder einer Krankheit, die in einem Land mit funktionierendem Gesundheitssystem heilbar gewesen wäre, sagte er. Doch das habe es in seinem Heimatland Äthiopien damals nicht gegeben. Seitdem treibe ihn der Tod seines Bruders an, für eine bessere Gesundheitsversorgung zu kämpfen. Er wolle nicht akzeptieren, dass jemand sterben muss, „nur weil er arm ist", wie seine Familie es damals gewesen sei.

Dennoch hatte es Ghebreyesus wohl nicht seiner rührseligen Erzählung, sondern der Lobbyarbeit Chinas zu verdanken, dass er an die Spitze der WHO aufstieg. Die chinesische Führung konnte sich sehr sicher sein, dass er sich als WHO-Chef für ihr Land einsetzen würde. China war nämlich der mit Abstand wichtigste Gläubiger des hoch verschuldeten Äthiopiens. Die Schulden an die Chinesen betrugen zum Zeitpunkt von Tedros WHO-Ernennung rund 30 Prozent des Bruttoinlandsproduktes.[7] In der Not hatte Äthiopien mit China darüber verhandelt, die Rückzahlungen von zehn auf 30 Jahre zu strecken.[8]

Chinas Einflussnahme auf die WHO begann jedoch nicht erst mit der Ernennung von Dr. Tedros Adhanom Ghebreyesus zum WHO-Generaldirektor. Der Schmusekurs der WHO mit China der die frühzeitige Eindämmung der Pandemie Anfang 2020 verhinderte, hatte seine Wurzeln bereits im Jahr 2006.

Nachdem die Regierung Chinas schon 2003 wegen ihrer Vertuschungsversuche bei der Sars-Epidemie in die Kritik geraten war, gelang es ihr 2006, die chinesische Ärztin Margaret Chan Fung Fu-chun als WHO-Chefin zu etablieren. Sie wurde die erste Chinesin, die einer UN-Sonderorganisation vorstand. Die Ernennung der – von Wegbegleitern als „autoritäre, aber effiziente Persönlichkeit" bezeichnete – Medizinerin galt schon 2017 als ein Symbol für Chinas Machtzuwachs auf der internationalen Bühne. Vorausgegangen war eine intensive Kampagne für die Kandidatin: Hinter den Kulissen sollen die Unterhändler aus dem Reich der Mitte andere WHO-Mitglieder mit finanziellen Hilfen gelockt haben. Auch auf einem kurz zuvor abgehaltenen chinesisch-afrikanischen Gipfel hatte Peking intensiv für Chan geworben; im Vorstand der WHO sind – nebenbei bemerkt – mehrere afrikanische Länder vertreten.[9]

Da die Weltgesundheitsorganisation bis dato durch eher unwichtige Verordnungen wenig aufgefallen war, nickten die USA und Europa die Ernennung Chans ab.

Margaret Chan gelang es in ihrer zehnjährigen Amtszeit, zahlreiche chinafreundliche Bürokraten bei der WHO einzustellen. Doch ihr größter Coup war die Übergabe des Amtes 2017 an den Äthiopier Tedros Adhanom Ghebreyesus, wiederum ausdrücklicher Wunschkanadidat der chinesischen Regierung.

Dennoch widersprachen 2017 weder die USA noch Europa bei der Ernennung von Dr. Tedros Adhanom Ghebreyesus an die Spitze der WHO, weil man die Strategie verfolgte, China mehr Verantwortung zu übertragen und das Land dadurch besser in die internationale Staatengemeinschaft zu integrieren. China hat diese „Integration" über Jahre hinweg gut genutzt, um sich in zahlreichen Organisationen der Vereinten Nationen zu etablieren. Bei Ausbruch der Pandemie 2020 saßen Chinesen an der Spitze der UNO-Organe für Ernährung und Landwirtschaft, internationale Zivilluftfahrt, internationale Fernmeldeunion sowie wirtschaftliche und soziale Angelegenheiten. Der Machttransfer manifestierte sich 2020 überdeutlich, als die US-Regierung demonstrativ die Zahlungen an die WHO einfror, während China der WHO gleichzeitig große Gelder im Kampf gegen die Pandemie zusagte.[10]

US-Präsident Donald Trump und die republikanischen Senatoren werfen der WHO sogar vor, „die Bedeutung der Epidemie unterschätzt und sich zum „Komplizen" der „offensichtlichen Vertuschung" von SARS-CoV-2 gemacht zu haben." Die Tatsache, dass die WHO Ende Januar 2020 keinen internationalen Notstand in China erklärte, wird ebenfalls als Zeichen der chinafreundlichen Politik des WHO-Chefs verstanden.[11]

Die Organisation wird von sechs Regionalbüros weltweit mit insgesamt über 7.000 Mitarbeitern gesteuert.[12] Die WHO verabschiedet stets einen Zweijahreshaushalt und dieser betrug für die Jahre 2018/2019 4,4 Milliarden US-Dollar.[13]

Dennoch: Die WHO zählt zu den kleinsten Unterorganisationen der Vereinten Nationen und obwohl das Budget auf den ersten Blick groß erscheinen mag, handelt es sich dabei um ausgesprochen überschaubare finanzielle Mittel. Zum Vergleich: Die Berliner Charité alleine verfügt über 1,8 Milliarden Euro pro Jahr, das entspricht etwa zwei Milliarden US-Dollar.[14]

Die Aufgaben der WHO

Der Auftrag der WHO lässt sich am besten mit der Errei-
chung des höchstmöglichen Gesundheitsniveaus aller Völker
beschreiben.

Folgende allgemeine Aufgaben nimmt die Weltgesundheitsorganisation wahr:

- Weltweite Koordination von nationalen und internationalen Aktivitäten beim Kampf gegen übertragbare Krankheiten wie beispielsweise AIDS, Malaria, SARS und Grippe,
- Lancierung globaler Impfprogramme, auch zur Vorbeugung vor Pandemien, und Programme gegen gesundheitliche Risikofaktoren wie Rauchen oder Übergewicht,
- Regelmäßige Erhebung und Analyse weltweiter Gesund-
  heits- und Krankheitsdaten,
- Unterstützung beim Aufbau von möglichst wirksamen
  und kostengünstigen Gesundheitssystemen in Entwicklungsländern,
- Erstellung einer Modellliste von unentbehrlichen Arznei-
  mitteln,
- Erstellung des jährlichen Weltgesundheitsberichtes (engl.
  World Health Report) über die weltweite Gesundheitsversorgung sowie die bestehenden Krankheitsprobleme.
- Über das REMPAN-Netzwerk (Radiation Emergency Me-
  dical Preparedness and Assistance Network) bietet sie
  medizinische Hilfe bei radiologischen Notfällen an.

Eine zentrale Aufgabe besteht zudem darin, Leitlinien, Standards und Methoden zu entwickeln, aber auch, diese zu verein-
heitlichen und weltweit durchzusetzen.

Dafür sieht die Verfassung der WHO folgende Instrumente vor:

* völkerrechtliche Verträge,
* Regelungen unmittelbar gestützt auf die WHO-Verfassung,
* nicht-verbindliche Empfehlungen.

Obwohl für Mitgliedsstaaten keine Rechtsverbindlichkeit besteht, beziehungsweise im Falle eines Verstoßes keine Sanktionen greifen können, befolgen die Länder in der Regel die Empfehlungen, Resolutionen, Standards und Methoden der WHO. Sie ist berechtigt, international anerkannte Standards für die Behandlung von Krankheiten, den Umgang mit Umweltgiften und den Schutz vor nuklearen Gefahren zu setzen. Außerdem stellt sie technische Hilfe für bedürftige Länder bereit und unterstützt und koordiniert internationale Reaktionen auf gesundheitliche Notfälle.[15]

Das Image der WHO in der Öffentlichkeit

Es ist selbstverständlich nicht alles schlecht, was unter der Führung der WHO abläuft. So wurden – neben der Auslöschung der Pocken und der Eindämmung der Kinderlähmung – durch ihr Engagement weltweit 100 Millionen Dollar an Impfstoffen und Krankenpflege eingespart. Diese und einige weitere positive Entwicklungen gehen auf das Konto der Weltgesundheitsorganisation. Trotzdem bleiben viele der Vorwürfe von Korruption, bis hin zur Kritik, lediglich als Befehlsempfänger von Lobbyverbänden, wie der Pharmalobby, der Tabaklobby und der Atomlobby zu agieren, weiterhin bestehen und werden in den Medien immer wieder erneuert. So zeigte die Filmproduzentin und Regisseurin Lilian Franck in ihrem vielbeachteten und 2017 erschienenen Film „Trust WHO"[16] einige der Widersprüchlichkeiten auf, mit der die Weltgesundheitsorganisation zu konfrontieren ist.

Darin lässt sie beispielsweise den US-amerikanischen Journalisten Robert Parsons zu Wort kommen, der in Genf lebt und seit Jahren versucht, die Machenschaften der WHO aufzudecken.

Parsons berichtete darüber, dass bis vor einigen Jahren zur Eröffnung der Weltgesundheitsversammlung, des *World Health Summit*, ein üppiger Empfang von der damaligen Generaldirektorin der WHO, der Chinesin Margaret Chan, gegeben wurde. Der Journalist erzählte, dass sich bei dieser Hauptveranstaltung alle getroffen haben: Gesundheitsminister, WHO-Mitarbeiter, Vertreter der Pharmakonzerne. Es war eine hervorragende Gelegenheit, um Gespräche in einem informellen Rahmen zu führen.

Diese Art von Veranstaltung wird inzwischen zunehmend durch private Empfänge ersetzt, die primär von der Industrie organisiert sind. Dafür geben die Pharmaunternehmen viel Geld aus, denn schließlich ist es eine Investition für sie, eine Möglichkeit, direkt Kontakt mit denjenigen aufzunehmen, die die Gesundheitspolitik in ihren Heimatländern bestimmen, sobald sie wieder dorthin zurückgekehrt sind.

Robert Parsons rechnet vor, dass sich bei diesen Veranstaltungen jedes Jahr tausende Menschen treffen und sich im Rahmen von Empfängen und Dinner-Abenden austauschen. Die Speisen sind sehr hochwertig und es gibt Champagner und Wein in unbegrenzter Menge. 90 bis 100 Euro sollen dabei die Pharmaunternehmen pro Person investieren, daher liegen derartige Investitionen insgesamt schnell im sechsstelligen Bereich. Natürlich sind solche Treffen nicht per se verboten, doch es zeigt, dass hier wichtige Netzwerke geschaffen werden, und man muss schon ausgesprochen naiv sein, wenn man annimmt, dass hier keine Einflussnahme geschicht.

Darüber hinaus gab es in der Vergangenheit noch die Interessenkonflikte der Berater. Beispielsweise schleusten Tabakkonzerne Experten bei der WHO ein, die von Tabakunternehmen wie Philip Morris bezahlt wurden.

Frank Sullivan etwa, ein britischer Toxikologe, der jahrelang behauptete, dass passives Rauchen nicht der Gesundheit schade. Er selbst gab in „Trust WHO" zu, dass er für Philip Morris ebenso als Berater tätig war, wie für die WHO. Vor jedem Treffen mit der WHO musste er ein langes Formular ausfüllen, auf dem er auf seine Zusammenarbeit mit der Tabakindustrie hinwies, doch das war für die WHO kein Hindernis für eine Konsultation als Berater.

Zu dieser Zeit befand sich die Weltgesundheitsorganisation gewissermaßen im Krieg gegen die Tabakindustrie. Damals wurden von den Konzernen nicht nur Wissenschaftler gekauft, sondern zudem gleich ganze Institute gegründet, die – im Auftrag der Tabaklobby – den Tabakkonsum als positiv und unschädlich bezeichneten. „So traten Tabakunternehmen wie Philip Morris, nicht unter ihrem eigenen Namen auf, sondern über Organisationen, von denen man gar nicht angenommen hat, dass es sich dabei um Vertreter der Tabakindustrie handelt", erzählte etwa der ehemalige Schweizer Gesundheitsminister Thomas Zeltner.

Damals wurden nicht nur Experten in die WHO eingeschleust, die im Sold der Tabakindustrie standen, sondern auch WHO-Mitarbeiter bezahlt. Beispielsweise Paul Dietrich, Rechtsanwalt in den Diensten des WHO-Regionalbüros für Amerika, der dem Tabakhersteller *BAT* ein monatliches Honorar in Rechnung stellte. In den neunziger Jahren des vorigen Jahrhunderts war dadurch der Ruf der WHO massiv geschädigt. Schon damals stand die Frage im Raum, ob nur einzelne Personen korrupt waren oder ob es ganze Bereiche der WHO betraf.[17]

Dazu Robert Parsons: „Die Dokumente der Tabakkonzerne belegen, wie große Unternehmen vorgehen. Und die Pharma- und Chemiekonzerne machen das nicht anders. Diese Leute haben die Schweinegrippe hochgespielt."

Der Grippevirus H1N1, auch als „Schweinegrippe" bekannt, kam im Jahr 2009 auf und wurde erst später – vergleichbar mit SARS-CoV-2 – zur Pandemie erklärt. Der Skandal dabei: Nach den damaligen Kriterien hätte die WHO keine Pandemie ausrufen dürfen, deswegen änderte sie die Kriterien. Erneut stand der Vorwurf im Raum, dass die Industrie – diesmal die Chemie- und Pharmakonzerne – mit der WHO gemeinsame Sache machte.

Zu dieser Zeit war Dr. Wolfgang Wodarg wissenschaftlicher Berater des Europarates und initiierte einen Untersuchungsausschuss zur Rolle der WHO. Der Grund dafür war unter anderem, dass Geheimverträge zwischen den einzelnen Staaten und Pharmaunternehmen für den Ankauf von Impfstoffen gegen das H1N1-Virus unterschrieben worden waren. Im Film *Trust WHO* sagte er: „Die WHO saß am Abzug dieser ganzen Geschäfte, die zwischen Staaten und Pharmaunternehmen formuliert wurden. Die Verträge waren meist geheim, wurden nicht veröffentlicht, weil die Firmen darauf bestanden. Viele Länder, wie Deutschland, Frankreich, Italien und Großbritannien, schlossen mit Pharmaunternehmen wie *Novartis* oder *Glaxo Smith Kline* (GSK) Verträge für den Ankauf von Impfstoffen, bevor die Schweinegrippe überhaupt flächendeckend ausbrach. Diese Ankaufverpflichtungen traten jedoch nur in Kraft, wenn die Pandemie-Stufe 6 ausbricht."

Noch sechs Wochen vor Ausrufung der Pandemie bezeichnete die Weltgesundheitsorganisation die Schweinegrippe als „gemäßigt". Unter diesen damaligen Voraussetzungen konnte die Pandemie nicht ausgerufen werden, denn dafür hätte eine hohe

Sterblichkeit bestehen müssen und eben das war nicht der Fall. Weltweit starben schließlich knapp 17.000 Menschen, wobei es in Deutschland lediglich 235 Todesopfer gab.[18] Die Prognosen von Experten waren jedoch um ein Vielfaches höher, weshalb alleine die deutsche Bundesregierung Impfstoffe im Wert von über 400 Millionen Euro einkaufte. Da die Gefahr durch die Schweinegrippe weitaus geringer war, als von der WHO angekündigt, ließen sich nur wenige Menschen impfen, weshalb die meisten dieser Impfseren nach 18 Monaten vernichtet werden mussten.

Nach Hochrechnungen von Analysten verursachte die WHO durch die Ausrufung der Pandemiestufe 6 weltweite Kosten für das Gesundheitswesen in Höhe von 19 Milliarden Dollar.

Bereits damals war das Geschäft mit den Impfstoffen eine Goldgrube für Pharmakonzerne wie GSK, Sanofi, Novartis und viele weitere mehr.

Nach Information von Dr. Wolfgang Wodarg führte die Intransparenz der WHO bei der Zusammenarbeit mit Pharmafirmen und auch die Rolle der Experten letztlich zu einer Rüge durch den Europarat. „Es wurden Änderungen gefordert, doch nichts geschah, und die WHO hatte dann nicht einmal mehr auf den Europarat reagiert. Schon bei der zweiten Anhörung ist sie nicht mehr erschienen. Das musste sie ja auch nicht, denn sie ist keinerlei Auskunft schuldig. Der Europarat kann zudem keine Akteneinsicht nehmen oder Akten beschlagnahmen.

Es gibt niemanden, der das kann. Es gibt außerdem keinen Untersuchungsausschuss, wie es etwa im Parlament der Fall ist, falls es bei einer politischen Partei zu Unregelmäßigkeiten kommt. Die WHO kann von keiner Institution belangt werden. Sie kann tun und machen, was sie will", so Dr. Wodarg.[19]

Jetzt, mit dem neuartigen Coronavirus, dürfte sich dieser Geldregen nicht nur wiederholen, sondern weit darüber hinaus verwandelt er sich vermutlich in einen gewaltigen Starkregen voller Geld, sobald Impfstoffe verfügbar sind.

Dieses Mal verhängte die WHO nicht nur eine Pandemie, es kam durch ihre Einschätzungen weltweit sogar zu Ausgangsbeschränkungen sowie zur teilweisen Stilllegung des öffentlichen Lebens und der Wirtschaft. Damit stieg gleichzeitig auch die Angst innerhalb der Bevölkerung, wodurch die Impfbereitschaft sicherlich drastisch erhöht wird – und sollte das nicht helfen, dann kann immer noch von staatlicher Seite eine Impfpflicht angeordnet werden. Wie weit hier die Chemie- und Pharmaindustrie ihre Hände im WHO-Spiel hat, ist bislang noch nicht bewiesen. Jedoch besitzen die Konzerne spätestens seit der Schweinegrippe viel Erfahrung und sie wissen sicherlich, an welchen Hebeln sie ziehen müssen, um erneut viele Milliarden zu verdienen.

Wolfgang Wodarg sagte dazu: „Die Beamten bei der WHO haben keine Ahnung, daher sind sie auf Wissenschaftler angewiesen. Diese werden ihnen von den Ländern und von den Geldgebern entsandt. Damals (Anmerkung: 2009) saßen sehr viele, die im Interesse der Pharmafirmen beraten und entschieden haben."[20]

Die Frage, die nun übrigbleibt, lautet: Ist die WHO der Korruption von damals entwachsen oder steckt sie sogar noch tiefer in diesem Sumpf, weil sie inzwischen weit mehr von privaten Geldgebern abhängig ist? Diese Frage lässt sich wohl nicht abschließend klären, doch ein Blick hinter die finanziellen Verstrickungen der Weltgesundheitsorganisation lässt nichts Gutes erahnen, wie im weiteren Verlauf dieses Buches noch ausführlich erläutert wird.

Eine Resolution von 116 Ländern

Das Image der WHO wurde weiter beschädigt, als Mitte Mai 2020 bekannt wurde, dass 116 der 194 Mitgliedsstaaten eine Resolution unterstützen, in der eine unabhängige Untersuchung der von der Weltgesundheitsorganisation koordinierten, globalen Reaktion auf die Coronavirus-Krise gefordert wurde. Ein Entwurf, in dem die Notwendigkeit einer unparteiischen, unabhängigen und umfassenden Bewertung der Reaktion auf COVID-19 dargestellt wird, wurde von Ländern wie Australien, Großbritannien, USA, Russland und Mitgliedern der Europäischen Union unterstützt.

Das alles zeigt letztlich die schwierige Lage, in die sich die Weltgesundheitsorganisation insgesamt manövriert hat. Nicht erst durch ihr Verhalten im Umgang mit SARS-CoV-2, sondern bereits seit vielen Jahren.

Wenn selbst die Mitgliedsstaaten offen Kritik an der Vorgehensweise der WHO und deren Einschätzung üben, dann kann man daraus schließen, wie viel hier im Argen liegt.[21] Inzwischen haben die USA entschieden, künftig – bis auf Widerruf – keine Mitgliedsbeiträge mehr zu zahlen, wodurch gleichzeitig die Macht der Bill and Melinda Gates Foundation innerhalb dieser UN-Organisation noch weiter ansteigen wird. Wie tief die Gates-Stiftung bereits davor schon mit der WHO verwoben war, wird im nächsten Kapitel beschrieben.

Kapitel 2 – Die Geldgeber der WHO

Die Führung des Kampfes gegen das neuartige Coronavirus liegt in den Händen der Weltgesundheitsorganisation WHO. Sie gibt die weltweite Entwicklung von Infizierten, Verstorbenen und Genesenen bekannt, informiert über die Ausbreitung der Krankheit und koordiniert vor allem die Maßnahmen zu deren Eindämmung. Selbst wenn seit Anfang 2020 die gesamte Welt ihren Fokus auf SARS-CoV-2 gelenkt hat, betrifft dieses Virus mit den damit verbundenen Folgen nur einen kleinen Teil der WHO-Aktivitäten.

Anti-Raucherkampagnen, das Verhindern der Ausbreitung von Krankheiten, wie Pocken, Polio oder Ebola, Aufklärungskampagnen über psychische Erkrankungen und vieles mehr zählen zu den Aufgaben, um die sich diese Organisation kümmert. Dazu stehen ihr über 7.000 Mitarbeiter zur Verfügung, die sich – neben dem Hauptsitz in Genf – auf sechs Regionalbüros in Kopenhagen (Region Europa), Washington, D.C. (Region Amerika), Neu-Delhi (Region Südostasien), Manila (Region Westlicher Pazifik), Kairo (Region Östliches Mittelmeer) und Brazzaville (Region Afrika) aufteilen. Das alles verschlingt sehr viel Geld und genau davon scheint die WHO immer zu wenig zu besitzen. Das macht sie wiederum angreifbar, denn irgendwie muss die Weltgesundheitsorganisation die nötigen finanziellen Mittel beschaffen, um ihre weltweiten Gesundheitsprojekte, diverse Aufklärungskampagnen, aber auch ihren Hauptsitz, die Regionalbüros und die vielen tausend Mitarbeiter, finanzieren zu können.

Die Finanzierung der WHO

Im Finanzreport der WHO für 2018 werden rund 500 Millionen US-Dollar als Beiträge der Mitgliedsländer angegeben. Zusätzlich erhält die Organisation Einnahmen durch freiwillige Spenden in Höhe von etwa 2,3 Milliarden US-Dollar. Das bedeutet, 80 Prozent der Einnahmen bezieht die WHO durch freiwillige Zuwendungen von Stiftungen, privaten Spendern und durch Unternehmen, darunter Pharmakonzerne und Unternehmen aus der Getränke- und Nahrungsmittelindustrie. Die meisten dieser Spenden stehen nur für bestimmte Zwecke zur Verfügung, also für vorweg vereinbarte Aufklärungskampagnen oder zur Bekämpfung von klar definierten Erkrankungen.

Die Gesamtausgaben im Jahre 2018 lagen bei 2,5 Milliarden US-Dollar, wobei die Personalkosten mit knapp einer Milliarde US-Dollar den größten Einzelposten ausmachten.[22] Die Finanzierung der Weltgesundheitsorganisation und damit deren Arbeit veränderte sich über die Jahre hinweg. Bis etwa 1993 konnte sich die WHO noch primär über die Pflichtbeiträge der Mitgliedsländer finanzieren. Doch dann sorgten die USA während der Präsidentschaft von Bill Clinton dafür, dass ihre Beiträge – die einen signifikanten Teil der damaligen Gesamteinnahmen der WHO ausmachten – eingefroren wurden. Durch einen gleichzeitig steigenden Finanzbedarf, der in höheren Mitarbeiterzahlen und verstärkten internationalen Maßnahmen begründet war, konnten die Kosten durch die Pflichtbeiträge nicht mehr ausgeglichen werden. So kam es, dass die WHO heute zu 80 Prozent von Spenden wohlhabender Länder, Stiftungen und Unternehmen abhängig ist. Wie bereits erwähnt entscheidet in den meisten Fällen alleine der Spender, wofür dieses Geld ausgegeben werden darf. Es handelt sich also um zweckgebundene Spenden. Das bedeutet, wenn für die Eindämmung einer bestimmten Krankheit Geld benötigt wird, sich jedoch kein Spender für diesen Zweck findet, wird diese Kampagne wahrscheinlich nicht stattfinden können. Etwa, weil beispielsweise kein möglicher Geldgeber einen philanthropischen Sinn dahinter sieht oder – ganz abwegig gedacht – keine finanziellen Vorteile erkennen kann.

Wie bereits im vorigen Kapitel erwähnt, setzten die USA ab 2020 ihre Pflichtbeiträge erneut aus und das bedeutet, dass die Weltgesundheitsorganisation künftig noch mehr auf zweckgebundene Spenden angewiesen ist.

Um diesem Dilemma zu entkommen, müssten alle Mitgliedsländer als Ausgleich für die USA rechnerisch regelmäßig mindestens dreimal so viel freiwillige Beiträge beziehungsweise Pflichtbeiträge leisten, meint Gaudenz Silberschmidt, Direktor im Genfer Generaldirektorat der WHO, und das wird in Zukunft wohl nicht der Fall sein.[23]

Die Finanzierungsquellen der WHO

Die WHO verfügt aktuell über einen Zweijahreshaushalt von 4,4 Milliarden US-Dollar und besitzt die bereits angesprochenen zwei Haupteinnahmequellen: zum einen festgelegte Beiträge, die die Mitgliedstaaten zahlen und die sich nach der Bevölkerungszahl und der Höhe ihres Sozialproduktes richten, zum anderen freiwillige Beiträge von Mitgliedstaaten, Stiftungen, Unternehmen und Einzelpersonen.

Die festgelegten Zahlungen werden zur Deckung allgemeiner Ausgaben und Programmaktivitäten verwendet. Zur Erinnerung: Freiwillige Beiträge werden von den Spendern für vorab festgelegte Aktivitäten vergeben, sind daher zweckgebunden und können somit für die Erhaltung des Apparates nicht eingesetzt werden. Ausgenommen natürlich, eine finanzielle Unterstützung wird explizit dafür gewährt.

In den ersten drei Jahrzehnten ihres Bestehens wurde die WHO hauptsächlich durch festgelegte Beiträge der Mitgliedstaaten finanziert, wobei die USA der größte Geldgeber waren. Mit der globalen Deregulierung und dem zunehmenden Einfluss des Neoliberalismus begann Mitte der 70er Jahre eine Privatisierungswelle, die auch vor der WHO nicht Halt machte. Der Anteil privater Gelder an ihrem Budget nahm in den folgenden Jahrzehnten kontinuierlich zu. Wie schon erwähnt setzten die USA unter Bill Clinton 1993 die Aussetzung ihrer Pflichtbeiträge durch. 2017 verfügte US-Präsident Trump bereits eine Kürzung des US-Anteils um fast die Hälfte. Heute kommen weniger als 20 Prozent des Etats von den Mitgliedsländern. Über 80 Prozent bestehen aus freiwilligen und überwiegend zweckgebundenen Zuwendungen staatlicher oder privater Spender, hauptsächlich Stiftungen und Unternehmen der Pharmaindustrie.

Im Jahre 2016 erfolgte eine entscheidende strukturelle Veränderung innerhalb der WHO zugunsten der Privatwirtschaft. Bis dahin durften sich nur gemeinnützige Organisationen in den Arbeits- und Einsatzgruppen der Weltgesundheitsorganisation engagieren, in denen die wichtigsten Entscheidungen der Organisation getroffen werden. Per Beschluss der WHO-Vollversammlung vom Mai 2016 ist es nun auch kommerziellen Unternehmen erlaubt, in diesen Gremien direkten Einfluss auf strategische Entscheidungen zu nehmen. Damit begann der unvorstellbare Einfluss eines der reichsten Männer der Welt auf die weltweite Gesundheitspolitik. Gemeint ist Bill Gates, Gründer von Microsoft.

Bill Gates und die WHO

Etwas mehr als 14 Prozent des gesamten WHO-Budgets stammen zurzeit von der *Bill and Melinda Gates Foundation*.[24] Sie ist seit einigen Jahren der größte private Geldgeber und spendete der Weltgesundheitsorganisation seit der Jahrtausendwende die enorme Summe von 2,5 Milliarden US-Dollar.

Allein in den Jahren 2016 und 2017 spendete die Bill and Melinda Gates Stiftung jährlich 629 Millionen Dollar, größtenteils zweckgebunden für Impfkampagnen.

Zur Eindämmung der Poliomyelitis und Kinderlähmung hat die Gates-Stiftung der WHO insgesamt 1,6 Milliarden Dollar zu Verfügung gestellt. Der damit finanzierte medizinische Kampf rottete die gefürchtete Krankheit weltweit fast aus.

Es ist ein gewaltiger Anteil, den eine der einflussreichsten Organisationen der Welt von einer privaten Stiftung erhält. Damit ist die Gates-Stiftung, nach den USA, der zweitgrößte Geldgeber der WHO und wird künftig wohl zum wichtigsten Unterstützer aufsteigen, insbesondere nach dem Ausstieg der USA.[25]

Die Gates-Stiftung hält unter anderem Aktienpakete der Pharmakonzerne Glaxo Smith Kline, Novartis, Roche, Sanofi, Gilead und Pfizer. Gleichzeitig beansprucht sie für sich, der Weltgesundheit zu dienen, und dass, obwohl die Stiftung auch Aktien von Ölkonzernen oder Unternehmen wie Coca Cola, Pepsi Cola, Nestlé sowie den Alkoholkonzernen Anheuser-Busch und Pernod hält. Die WHO bestreitet, dass ihr wegen der finanziellen Abhängigkeit von der Gates-Stiftung die Hände gebunden sind, wenn es um Maßnahmen gegen gesundheitsschädliche Aktivitäten der Ölindustrie oder der Süßgetränke- und Alkoholindustrie geht.

Einige Vorstandsmitglieder der Gates-Stiftung hatten berufliche Stationen bei diversen Pharmakonzernen und anderen einflussreichen Organisationen, wie beispielsweise bei den Vereinten Nationen. Manche davon besetzten bei ihren früheren Arbeitgebern mächtige Positionen, etwa im Vorstand oder in der Geschäftsführung. Dagegen ist natürlich nichts einzuwenden, doch wäre es grenzenlos naiv, wenn man annimmt, dass die Gates-Stiftung diese vorhandenen Netzwerke nicht zu ihrem eigenen Vorteil nutzt.

So arbeitete der derzeitige CEO der Stiftung, Mark Suzman, jahrelang bei den Vereinten Nationen in gehobener Position.

Christopher Elias, President of Global Development, war zuvor bei PATH, einer globalen Gesundheitsorganisation mit Sitz in Seattle, tätig.

Trevor Mundel, der Leiter für den Bereich Global Health, war für die Pharmakonzerne Novartis, Pfizer und Parke-Davis, dem zeitweise größten Arzneimittelhersteller der USA, tätig.

Der Leiter des US-Programms der Stiftung, Allan Golston, war Top-Manager bei Stryker Corporation, einem Fortune-500-Medizintechnik-Unternehmen.

Emilio Emini, verantwortlich für das weltweite HIV-Programm der Stiftung, bekleidete davor eine Top-Position bei Pfizer.

Dan Hartman, Direktor für den Bereich „Integrated Development", war ebenfalls davor bei Pfizer beschäftigt sowie bei Esperion Therapeutics und bei Eli Lilly & Company.

Die Liste der führenden Manager der Bill and Melinda Gates Foundation ist lang. Einige weitere Manager waren zuvor bei der *Johns Hopkins University* tätig, andere wiederum kommen von gigantischen Medizinkonzernen wie Becton, Dickinson & Co oder von einflussreichen Unternehmen wie der World Bank.[26]

Einige dieser Großunternehmen unterstützen ebenfalls die WHO. Solche Kontakte und Vernetzungen sorgen naturgemäß für eine Verknüpfung von eigenen Interessen. Die Weltgesundheitsorganisation muss sich daher die Frage gefallen lassen, wie weit eine Organisation vollkommen unbeeinflusst von ihren Geldgebern agieren kann, wenn diese primär wirtschaftliche Interessen verfolgen, und das in Bereichen, die per se einen Interessenskonflikt mit den Aktivitäten der WHO auslösen. Dazu kommt, dass diese Spender auch untereinander höchstwahrscheinlich hervorragend vernetzt sind, und wie verwerflich wäre es, wenn sich die jeweiligen Top-Etagen miteinander austauschen, um ihre Spenden möglichst strategisch optimiert zu platzieren?

Natürlich gibt es sie, die Philanthropen, also die Menschenfreunde, deren einziges Interesse dem Wohle der Menschheit gilt. Doch wie wahrscheinlich ist es, diese lebenden Heiligen an der Spitze und im Topmanagement von derart einflussreichen Konzernen und Stiftungen zu finden?

„Die Gates-Stiftung investiert ihr Geld vor allem in technische Maßnahmen gegen Infektionskrankheiten", erklärt der deutsche Gesundheitsexperte Thomas Gebauer und sagt weiter: „Sie investiert in Impfkampagnen und die Verteilung von Medikamenten oder Malarianetzen. Solche Maßnahmen zeigen schnell messbare Erfolge. Sie motiviert andere Geber, ihr Engagement mit dem der Stiftung zu verbinden. Das aber führt dazu, dass weitere wichtige Aufgaben vernachlässigt werden – der Aufbau funktionierender Gesundheitssysteme in armen Ländern zum Beispiel."

Das alles bestätigte Gaudenz Silberschmidt, WHO Direktor für *Health and Multilateral Partnerships*, im Dokumentarfilm *Trust WHO* und gibt weiter an: „Diese Tendenz stimmt – und wir sind uns dessen bewusst. Aber wir sind auch im Dialog, der dazu beigetragen hat, dass die Gates-Stiftung und Bill und Me-

linda Gates selber verstanden haben: Es geht nicht ohne eine
Stärkung der Gesundheitssysteme."[27]

Einflussreicher Kritiker

Insgesamt muss auch festgestellt werden, dass die *Bill and
Melinda Gates Foundation* mit ihrem Vermögen sehr viel dazu
beiträgt, das Gesundheitsniveau auf diesem Planeten zu verbessern. Also doch gelebte Philanthropie auf allerhöchstem Niveau?

Vielleicht doch nicht so ganz, möchte man dem US-Senator
Robert F. Kennedy – Sohn des in Dallas erschossenen US-
Präsidenten – Glauben schenken. Dieser ist Vorsitzender der
Kinderhilfsorganisation *Children's Health Defense* und er
spricht von menschenverachtenden Methoden der Gates-
Stiftung. Diesen sollen in erster Linie Kinder in Entwicklungs-
ländern zum Opfer fallen. In Regionen, in denen keine öffentli-
che Kontrolle stattfindet – meist abgelegene Gebiete –, werden
an ihnen neue Impfstoffe ausprobiert, als wären sie Versuchs-
tiere.
So schreibt Robert Kennedy in einem Artikel, der auf der
Webseite von *Children's Health Defense* veröffentlicht wurde:
„Jeder, der das globale Impfprogramm von Bill Gates/WHO
verteidigt, muss diese Studie erklären: Mogensen et al. 2017.[28]
(Anmerkung: Diese Studie trägt den Titel: „The Introduction of
Diphtheria-Tetanus-Pertussis and Oral Polio Vaccine Among
Young Infants in an Urban African Community: A Natural Ex-
periment".)
Vor 2017 haben weder HHS (Anmerkung: United States De-
partment of Health and Human Services; das Ministerium für
Gesundheitspflege und soziale Dienste der Vereinigten Staaten)
noch die WHO jemals die Art von geimpfter beziehungsweise

nicht geimpfter (oder Placebo-) Studien durchgeführt, die erforderlich ist, um festzustellen, ob der DTP-Impfstoff (Anmerkung: Ein Impfstoff, der zur Grundimmunisierung und Auffrischung der Infektionskrankheiten Diphterie, Keuchhusten und Tetanus eingesetzt wird) tatsächlich vorhanden ist oder vorteilhafte gesundheitliche Ergebnisse liefert. Der DTP-Impfstoff wurde in den 1990er Jahren in den USA und in westlichen Ländern nach Tausenden von Berichten über Todesfälle und Hirnschäden abgesetzt.

Mädchen, die mit dem DTP-Impfstoff geimpft wurden – dem Flaggschiff des afrikanischen Impfprogramms von Gavi/WHO von Bill Gates – starben zehnmal so häufig wie nicht geimpfte Kinder. (Anmerkung: Die Impfallianz Gavi (engl. *Global Alliance for Vaccines and Immunisation)* ist eine weltweit tätige öffentlich-private Partnerschaft mit dem Status einer Stiftung. Ihr Ziel ist es, den Zugang zu Impfungen gerade für Kinder gegen vermeidbare lebensbedrohliche Krankheiten in Entwicklungsländern zu verbessern. Mitglieder sind unter anderem Industrie- und Entwicklungsländer, die WHO, die Weltbank, die *Bill and Melinda Gates Foundation*, Impfstoffhersteller, Gesundheits- und Forschungseinrichtungen sowie private Geldgeber.)

Bill Gates und seine Stellvertreter, Gavi und WHO, machten DTP zu einer Priorität für afrikanische Babys. Die dänische Regierung und die *Novo Nordisk Foundation* haben diese Studie (Anmerkung: die vorab genannte Studie) von einem Team der weltweit führenden Experten für afrikanische Impfungen in Auftrag gegeben. Die beiden bekanntesten Namen dieser Studie, Dr. Soren Mogensen und Peter Aaby, ... waren schockiert, als sie jahrelange Daten aus einem sogenannten „natürlichen Experiment" in Guinea-Bissau untersuchten, bei dem 50 Prozent der Kinder vor dem fünften Lebensjahr starben. In dieser westafrikanischen Nation wurde die Hälfte der Kinder nach

drei Monaten mit dem DTP-Impfstoff und die andere Hälfte
nach sechs Monaten geimpft. Dr. Mogensen und sein Team
stellten fest, dass mit dem DTP-Impfstoff geimpfte Mädchen
zehnmal so häufig starben wie nicht geimpfte Kinder. Während
die geimpften Kinder vor Diphtherie, Tetanus und Pertussis
geschützt waren, wurden sie weitaus anfälliger für andere tödliche Krankheiten als nicht geimpfte Gleichaltrige. Der Impfstoff hat offenbar das Immunsystem geschwächt. Dank Gates
ist DTP der weltweit beliebteste Impfstoff.

Die Forscher fanden heraus, dass der DTP-Impfstoff mehr
Kinder tötet als die Krankheiten, auf die er abzielt.

Trotzdem empfehlen Gavi und WHO für afrikanische Natio-
nen die Aufnahme von DTP-Impfstoffen, um die nationale Ein-
haltung der Impfstoffempfehlungen zu messen. Gavi kann Nationen, die sich nicht vollständig daranhalten, finanziell bestra-
fen. Es ist möglich, dass Millionen von Kindern betroffen sind.
Obwohl die New York Times und andere Gates-Booster mich
(Anmerkung: Robert Kennedy) beschuldigen, „Impfstoff-
Fehlinformationen" zu fördern, handelt es sich um eine von
Experten begutachtete Veröffentlichung in einer angesehenen
Zeitschrift der weltweit maßgeblichsten Impfstoffwissenschaft-
ler, die katastrophale Folgen beschreibt."[29]

Harte Anschuldigungen, die der US-Senator erhebt, doch sie
bleiben nicht die Einzigen. Er beschuldigt die Gates-Foundation
außerdem, ein 1,2 Milliarden Dollar umfassendes Polio-
Impfprogramm von 2000 bis 2017 in Indien unter seine Kontrolle gebracht zu haben. Es kam zu einer Mittelbereitstellung von
425 Millionen US-Dollar, wodurch angeblich Bill Gates die Kontrolle über Indiens *National Technical Advisory Group on Im-
munization* (NTAGI) übernahm. Die NTAGI schrieb bis zu 50
Dosen[30] durch sich überlappenden Impfprogramme für Kinder
unter fünf Jahren vor.[31] Dadurch kam es zu einer neuen Art von

Epidemie unter Kindern, wodurch im vorhin genannten Zeitraum mehr als 490.000 Kinder über die normale Rate hinaus an Lähmungen erkrankten. 2017 gab die WHO schließlich zu, dass die weltweite Explosion von Polio auf den Impfstoffstamm der gestiegenen Impfprogramme zurückzuführen ist. Als Grund dafür wurden mutierte Virenstämme angegeben, die nach einiger Zeit mehr Lähmungen verursachten, als das eigentliche Poliovirus. Diese Auflistung von Impfprogrammen mit teilweise verheerenden Folgen für die daran teilnehmenden Menschen lässt sich beinahe beliebig fortsetzen; so führte man sie beispielsweise auch in Afghanistan, auf den Philippinen und im Kongo durch.

Die Gates-Stiftung und das Coronavirus

Im Rahmen der SARS-CoV-2-Pandemie reagierte die *Bill and Melinda Gates Foundation* viel schneller als irgendeine Behörde und irgendein Staat weltweit. Bereits am 5. Februar 2020 gab sie in einer Pressemitteilung bekannt, sofort bis zu 100 Millionen US-Dollar der WHO und dem CDC (Center for Disease Control) für die Bekämpfung des neuartigen Coronavirus zur Verfügung zu stellen.[32] Auch dabei handelt es sich um einen milliardenschweren Markt mit Impfstoffen.

Auf den ersten Blick wirkt es natürlich wie ein großartiges Engagement, um dieser weltweiten Pandemie entgegenzutreten. Gleichzeitig spendete die Stiftung 50 Millionen US-Dollar an verschiedene Pharma- und Biotech-Unternehmen, die sich mit der Entwicklung eines entsprechenden Impfstoffes beschäftigen.[33]

Im besten Fall könnte die Gates-Stiftung – oder Bill Gates persönlich – Milliarden verdienen, wenn eines der unterstützten Unternehmen tatsächlich einen Impfstoff auf den Markt bringt. Warum ist das der Fall? An vielen Unternehmen ist die

Familie Gates auch direkt beteiligt und partizipiert am Erfolg dieser Firmen.

Normalerweise benötigt die herkömmliche Impfstoffentwicklung viele Jahre, doch bei einem pandemischen Krankheitsausbruch werden die Studienphasen verkürzt, so wie auch im Falle der Corona-Pandemie.[34] Daher könnte zur Bekämpfung von SARS-CoV-2 beziehungsweise von COVID-19 eine Impflösung bereits innerhalb von 18 Monaten zur Verfügung stehen, jedoch mit schwer vorhersehbaren Nebenwirkungen. Nebenwirkungen, die zu vielen Todesopfern führen können, vergleichbar mit dem Polio-Impfstoff.

Kann es sein, dass die Gates-Stiftung diese Risiken ignoriert, um – indirekt – als erstes mit einem Impfstoff auf den Markt zu kommen und um Milliarden daran zu verdienen? Oder verhält es sich eher so, dass die Gates-Stiftung diese Risiken in Kauf nimmt, um möglichst viele Menschenleben zu retten? Beide Szenarien sind denkbar.

Es stellt sich zudem eine weitere Frage: Wenn alle diese Aktivitäten der *Bill and Melinda Gates Foundation* bekannt sind und sich klipp und klar belegen lassen, weshalb berichten die etablierten Medien so gut wie nie darüber? Wo bleibt die kritische Berichterstattung?

Durchforstet man die offizielle Webseite der Gates-Stiftung, stößt man unweigerlich auf die Liste jener Unternehmen und Organisationen, die in der Vergangenheit Spenden von der Stiftung erhielten. Darunter befinden sich nicht nur Unternehmen und Organisationen, die ihre gesamte Energie vorwiegend in die Forschung und Entwicklung von Impfstoffen und Impfprogrammen legen. Auch Medienunternehmen stehen auf der Spendenliste.

So werden *DER SPIEGEL* und *DIE ZEIT* direkt mit klar definierten Aufträgen finanziert. *DER SPIEGEL* erhielt im Jahr 2018 2.537.294 US-Dollar für das Projekt "Globales öffentliches Bewusstsein für Gesundheit und Entwicklung und Analyse" und *DIE ZEIT* bekam im Jahre 2019 für das gleiche Thema 297.124 US-Dollar. Der Berliner Top-Anwalt und Strafverteidiger Gerhard Strache reichte sogar Klage gegen die Zeitschrift *DER SPIEGEL* ein, da er hinter der Spende – die vom Zeitschriftenverlag als projektgebundene Förderung und nicht als zweckgebundene Spende verstanden wird – eine einseitige Berichterstattung zugunsten der Interessen der Gates-Stiftung sieht und er gleichzeitig eine pauschale Verunglimpfung sämtlicher Gegner der Coronamaßnahmen wahrnimmt.[35] Ob diese Anschuldigungen stimmen, konnte bislang nicht bewiesen werden. Interessant ist jedoch, dass es bereits juristische Gegenwehr gegen die mutmaßliche Einflussnahme der Gates-Stiftung auf die heimische Medienlandschaft gibt.

Das bedeutet natürlich nicht zwangsläufig, dass diesen Medienunternehmen dadurch ein Maulkorb verpasst wird, doch der kritische Verstand schreit förmlich nach der Einsicht, dass niemand in die Hand beißt, die ihn – zumindest teilweise – füttert.

Auch die *Charité Berlin* mit ihrem in der Krise bekannt gewordenen Virologen Prof. Christian Drosten steht auf der Liste der Gates-Stiftung mit einem Volumen von knapp einer Viertelmillion US-Dollar. Gleiches gilt für das *Robert Koch Institut* (RKI), das im November 2019 253.000 US-Dollar von der Gates-Stiftung erhielt, um den Ursprung und die Entwicklung des Pockenimpfstoffs zu untersuchen.

Das *Deutsche Krebsforschungszentrum*, eine Stiftung des öffentlichen Rechts mit Sitz in Heidelberg, bekam ebenfalls im November 2019 für die Entwicklung menschlicher Antikörper

gegen Malaria 1.204.384 US-Dollar. Malaria und Krebs? Was
diese beiden Krankheiten miteinander verbindet, ist auf den
ersten Blick nicht ersichtlich – außer, dass beide Menschenleben gefährden. Es stellt sich die Frage, welche Motivation die
Gates-Stiftung antreibt, ausgerechnet in diese Unternehmen
und Institute zu investieren? Schließt man nun als einen nicht
unwesentlichen Grund deren Nähe zur deutschen Bundesregierung aus, bleibt wohl nur noch der menschenfreundliche
Grundgedanke übrig, der diese Stiftung antreibt. Über eines
sollte man sich dabei im Klaren sein: In beiden Fällen ist die
Behandlung beziehungsweise die Therapie ein ausgesprochen
lukratives und weltweit milliardenschweres Geschäftsfeld für
die Pharmaindustrie.[36]

Jedenfalls unterstützt die Stiftung weltweit vermutlich über
1.000 Organisationen, Unternehmen und universitäre Einrichtungen, wie beispielsweise die *Oxford Universität*, und macht
auch vor einflussreichen deutschen Unternehmen, Forschungseinrichtungen und Organisationen nicht halt.[37]
Wissenschaftler der *Oxford University* waren es auch, die Ende Mai 2020 davor warnten, dass die Chance, einen Impfstoff zu
entwickeln mit absteigenden Fallzahlen immer weiter sinkt. Sie
riefen sozusagen dazu auf, die Forschung an einem Gegenmittel
zu beschleunigen und schneller auf den Markt zu bringen. Das
wurde mit diesen Worten nicht ausgedrückt, doch zwischen den
Zeilen gelesen wäre es naiv, nicht zu dieser Schlussfolgerung zu
kommen.[38]
Auch das *Heimholtz Institut* (HZI), Mitglied der größten Wis-
senschaftsorganisation Deutschlands, das sich mit Infektions-
forschung beschäftigt und zu 90 Prozent vom Bund getragen
wird, befindet sich auf der Liste jener Organisationen, die Unterstützung von der Gates-Stiftung – zumindest in der Vergangenheit – erhielten. Das HZI wird von der deutschen Bundesre-

gierung häufig als Berater konsultiert und bekam von der Regierung zudem den Auftrag, den künftigen Impfstoff gegen CO-VID-19 als erstes auszuprobieren.[39]

Im April 2020 gab die Journalistin Chery Chumley von der *Washington Times* in einem Gespräch mit dem TV-Sender *Fox News* ein interessantes Detail bekannt. Als sich das neuartige Coronavirus von China in andere Länder und Kontinente übertrug, zögerte die WHO, die höchste Pandemiestufe auszurufen. Nur einen Tag, nachdem die Gates-Foundation der Weltgesundheitsorganisation versprach, 100 Millionen Dollar für die Bekämpfung des Coronavirus zu spenden, rief die WHO daraufhin plötzlich die Pandemie aus. Chumley sagte, dass es vollkommen offensichtlich sei, dass Bill Gates mit seinen gewaltigen Spenden die Entscheidungen der WHO beeinflusse und der Beweis für den beispiellosen Einfluss von Gates sei auf subtile und auffällige Weise reichlich vorhanden.[40] Selbstverständlich bedeutet es nicht, dass Bill Gates dadurch zwangsläufig die WHO dabei beeinflusste, die Pandemie auszurufen. Jedoch verfolgt er scheinbar ein hohes Interesse an einer weltweiten Impfkampagne gegen das SARS-CoV-2-Virus. Vermutlich hat er bei der Entwicklung eines passenden Impfstoffes seine finanziellen Interessen im Auge, weil er an einer solchen Impfkampagne sehr viel Geld verdienen würde. Fakt ist, dass eine Mitarbeiterin der *Washington Times* feststellte, dass er der WHO eine erhebliche Menge Geld für den Kampf gegen Corona versprach und kurz darauf die höchste Pandemiestufe erklärt wurde. Ob es sich dabei lediglich um einen Zufall handelt, bleibt letztlich ungeklärt. Falls genau das der Fall sein sollte, dann handelte die Weltgesundheitsorganisation jedenfalls ausgesprochen unglücklich und sollte künftig ihre Entscheidungen besser planen.

In diesem Zusammenhang muss *ID2020* erwähnt werden. Hinter diesem Kürzel verbirgt sich die *Digital Identity Alliance*, die eine Schaffung digitaler Identitäten anstrebt. Deren Ziel besteht darin, dass sich Menschen über alle Grenzen hinweg identifizieren können und zu jeder Zeit Kontrolle über ihre eigenen Daten besitzen sollen. Es geht also um eine personalisierte, portable, biometrisch verbundene digitale Identität, die auf Lebenszeit besteht. Zu den Gründungspartnern von *ID2020* zählen das Unternehmen Microsoft, die *Bill and Melinda Gates Foundation*, die *Rockefeller Foundation*, die World Bank und die Impfallianz Gavi.

Da bei Gavi wiederum die Gates-Stiftung maßgeblich beteiligt ist, zeigt sich ein Vorwurf, der seit einiger Zeit im Raum steht. Es gibt Gerüchte, dass über Impfungen mittels Nanochips etwa digitale Tracker in den Menschen eingeschleust werden, die die einzelne Person über digitale Auslesetechnologien identifizierbar machen und beispielsweise deren Aufenthaltsort überall auf der Welt bestimmt werden kann. Damit verbunden könnten die individuellen Gesundheitswerte ausgelesen und etwa bei Reisen der Zutritt zu anderen Ländern verwehrt werden.

Es gibt sicherlich unzählige weitere Anwendungsmöglichkeiten, die mit derartigen Nanochips einher gehen. Momentan ist noch nicht absehbar, welche Ziele mit *ID2020* tatsächlich verfolgt werden, doch ein Blick auf die daran beteiligten Unternehmen und Organisationen zeigt, dass diesem Projekt große Aufmerksamkeit gewidmet wird.

Seit September 2019 arbeitet *ID2020* mit der Regierung von Bangladesch an der Einführung digitaler Identitäten. Da in diesem Land rund 80 Prozent der Kinder über keine Geburtsurkunden verfügen, sollen vor allem den Kindern Chips implantiert werden, über die sämtliche Gesundheitsdaten ausgelesen werden können. Bis Februar 2020 wurden mehr als 100 Millionen derartiger Identitäten angelegt. Umgesetzt wird alles unter anderem über die biometrische Identifikation von Säuglingen. Dieser nachgewiesenen Identität werden dann digitalisierte Nachweise über Impfungen zugeordnet. So können erforderliche Impfnachweise sehr einfach dokumentiert werden, weil sie bereits im Körper abgespeichert wurden. Einmal im Körper eingebracht können anschließend auf dem Chip verschiedene Daten – beispielsweise durchgeführte Impfungen – gespeichert werden, die jederzeit ausgelesen werden können.[41]

Auf diesem Weg lässt sich natürlich auch sehr leicht überprüfen, ob jemand etwa gegen das SARS-CoV-2-Virus geimpft wurde – sobald diese Impfung existiert – mit allen erdenklichen Möglichkeiten, die sich daraus ableiten lassen.

So könnten einige Länder – einmal weiter gedacht – viel leichter Zwangsimpfungen durchführen lassen, weil bekannt ist, wer geimpft wurde und wer nicht. Oder es kann auch bestimmten Personen der Zugang zu Veranstaltungen verwehrt werden oder die Ausübung gewisser Berufe für Ungeimpfte unmöglich werden, weil wichtige Immunisierungen fehlen. Das bedingt natürlich, dass künftig der überwiegende Teil der Menschheit mit derart digitalen Identitäten ausgestattet ist, doch auch das wäre denkbar.

So lautet der – bislang nicht konkret festzumachende – Vorwurf, dass solche Chips (oder vergleichbare Technologien) über großflächig angelegte Impfaktionen in die Körper der Menschen eingeschleust werden. Ob so etwas jemals kommt, bleibt natürlich fraglich, denn innerhalb der weltweiten Bevölkerung würde ein derartiges Vorgehen zweifellos zu einem riesigen Aufschrei und zu massenhaften Protesten führen. Aus technischer Sicht dürfte diese Vision jedoch allemal umzusetzen sein.

Welche Unternehmen und Organisationen im Gesundheitssektor werden eigentlich von der *Bill and Melinda Gates*

Foundation finanziell unterstützt? Neben der WHO ist hier vor allem die Impfallianz Gavi mit Sitz in Genf zu nennen, die bereits in diesem Kapitel erwähnt wurde. Doch dabei bleibt es natürlich nicht und bei näherer Analyse entsteht ein wahres Geflecht an Unternehmen und Organisationen, die mit der Gates-Stiftung in irgendeiner Form zusammenhängen und sich teilweise gegenseitig unterstützen oder zuarbeiten.

Besonders deutlich wird diese Art von Spinnennetz – bei dem alle Fäden irgendwie zueinander führen – bei der Entwicklung eines Impfstoffes gegen das neuartige Coronavirus. In Zusammenarbeit mit der Gates-Stiftung hat die EU-Kommission im Mai 2020 eine Geberkonferenz unter dem Namen *Coronavirus Global Response* veranstaltet. Dabei wurden von 40 Staaten und privaten Unterstützern innerhalb weniger Stunden insgesamt 7,4 Milliarden Euro eingesammelt. Diese Summe entspricht exakt dem Vorschlag des *Global Preparedness Monitoring Board* (GPMB), einem Beratergremium der WHO, das wiederum unter anderem von der Gates-Stiftung finanziert wird.

Das Geld fließt, im Kampf gegen das neuartige Coronavirus, an Organisationen wie die WHO, Gavi und die *Coalition for Epidemic Preparedness Innovations* (CEPI) – eine weltweite Allianz in öffentlich-privater Partnerschaft zwischen Regierungen, der WHO, der EU-Kommission, Forschungseinrichtungen, der Impfstoff-Industrie und privater Geldgeber, etwa der *Bill and Melinda Gates Foundation*, zum Aufbau eines Forschungsnetzwerks zur Erforschung und Entwicklung neuer Impfstoffe zur besseren und direkteren Reaktion auf eventuell bevorstehende Ausbrüche neuer viraler Infekte.[42] Darüber hinaus gibt es noch *COVID-19 Therapeutics Accelerator* – die ins Leben gerufen wurde, um schnellstmöglich einen Impfstoff gegen COVID-19 zu entwickeln, und unter anderem von der Gates-Stiftung finanziert wird – und die *Foundation for Innovative New Diagnostics* (FIND), ein Partner der WHO mit Sitz in Genf.

Wie man leicht erkennen kann, taucht in all diesen Organisationen die *Bill und Melinda Gates Foundation* in irgendeiner Form als Spender, Unterstützer oder Geldgeber auf.

Über die Verwendung der Gelder entscheidet übrigens nicht die EU-Kommission, sondern nur die Empfänger der Geldbeträge selbst mit Hilfe von *Global Response* und deren Partner. Und wer sind diese Partner? Natürlich die WHO, Gavi, CEPI, FIND und die *Bill and Melinda Gates Foundation*. Diese Zusammenhänge können auf der Webseite dieser Stiftung von jedem selbst nachgeprüft werden, auch wenn ein gewisser Rechercheaufwand dafür nötig ist. Eine Meinung zu diesem Konstrukt möge sich an dieser Stelle ein jeder selbst bilden. Auf jeden Fall lässt sich nicht von der Hand weisen, dass die Gates-Stiftung viel Einfluss auf die globale Gesundheitspolitik nimmt.

Nach diesen umfangreichen Informationen könnte man durchaus geneigt sein zu vermuten, dass die Gates-Stiftung, beziehungsweise Bill Gates selbst überall seine Finger im Spiel hat. Wenn etwa über die Verwendung der finanziellen Mittel aus der Geberkonferenz verschiedene Organisationen entscheiden, dann geschieht das nicht ohne Einflussnahme dieser Stiftung. Ob die *Bill and Melinda Gates Foundation* diese Möglichkeit zur gezielten Steuerung auch tatsächlich nutzt, ist für einen Außenstehenden so gut wie unmöglich zu beurteilen. So könnte es durchaus sein, dass die gewaltige Summe von 7,4 Milliarden Euro in einer Weise verwendet wird, die ganz den Wünschen von Bill Gates – oder seiner Stiftung – entspricht. „Könnte", denn letztlich bleibt dieser Punkt nur Spekulation.

Hedgefonds, die WHO und das Coronavirus

Hedgefonds sind Finanzunternehmen, vergleichbar mit Banken, jedoch unterliegen sie nicht ihren Einschränkungen. Sie verfügen für gewöhnlich über ein geringes Eigenkapital und nutzen stattdessen Kredite und tätigen Leerverkäufe mit geliehenen Finanzanlagen. Auch viele Banken haben nach ihrer Zulassung im Rahmen der Regulierung eigene Hedgefonds gegründet und so genau jene Geschäfte betrieben, die ihnen vorher untersagt waren. Dadurch sind die Hedgefonds immer mächtiger geworden und beherrschen heute das weltweite Finanzgeschehen. Aufgrund ihrer ständigen Jagd nach schneller Rendite und den immensen Gewinnchancen im Bereich der Pharmazeutik – einem der weltweit lukrativsten Industriezweige – beteiligen sich viele von ihnen an zahlreichen Pharmakonzernen und können über sie potenziell auch die WHO beeinflussen.

Nach der Weltfinanzkrise von 2007 und 2008 haben die Zentralbanken das globale Finanzsystem über elf Jahre hinweg durch immer größere Geldinjektionen und Zinssenkungen am Leben erhalten. Seit 2019 funktioniert diese Strategie jedoch nicht mehr. Wie die schweren Verwerfungen an den Finanzmärkten seit Beginn der Corona-Pandemie zeigen, könnte das System derzeit endgültig in sich zusammenbrechen. Die Hedgefonds haben im Zuge dieses Zusammenbruchs riesige Verluste erlitten und versuchen sie daher auf zwei Arten auszugleichen: Zum einen wetten sie auf fallende Kurse und zum anderen fordern sie aufgrund ihrer Marktmacht immer größere Bail-outs, also Geldspritzen von den Staaten und Zentralbanken. Und diese erhalten sie auch. Beide Maßnahmen tragen nicht etwa zur Genesung des Systems bei, sondern verschlimmern den Absturz. Vor allem die Auswirkungen auf die arbeitende Bevölkerung sind immens und es drohen Massenarbeitslosigkeit und Massenarmut in historisch nie dagewesenem Ausmaß. Das parasitäre Verhalten der Hedgefonds hat daher das Potenzial, die Massen gegen sie und ihre Helfershelfer in der Politik und den

Medien aufzubringen. Ist es unter diesen Vorzeichen nicht denkbar, dass hier jemand die eigene Macht ausnutzt? Indem man durch eine von den eigenen Interessen gesteuerte, aber in den Augen der Öffentlichkeit, der Weltgesundheit verpflichtete Organisation, wie die WHO, eine Massenhysterie von nie gekanntem Ausmaß erzeugen lässt, um so von den eigenen Plünderungen des in sich zusammenbrechen Systems abzulenken und sich darauf vorzubereiten den Ansturm der Massen mittels Notverordnungen durch Polizei und Militär zu unterdrücken?

Holdingunternehmen verfolgen eine durchaus ähnliche Strategie wie Hedgefonds. Sie kaufen sich über Beteiligungen in Unternehmen ein und profitieren von deren positiven Entwicklungen. Für sie brachen durch den Absturz der Finanzmärkte Anfang 2020 Goldgräberzeiten an, da viele lukrative Unternehmen plötzlich rasant an Wert verloren und dadurch günstige Beteiligungen ermöglicht wurden. Im Unterschied zu Hedgefonds greifen Holdingunternehmen jedoch normalerweise nicht in das operative Geschäft ein. Berkshire Hathaway Inc. zählt mit einer Marktkapitalisierung von knapp 500 Milliarden US-Dollar zu den weltweit größten Holdinggesellschaften und wurde von Warren Buffet gegründet, einem der reichsten Männer der Welt. Warren Buffet ist es übrigens auch, der neben Bill und Melinda Gates im Führungsteam der *Bill und Melinda Gates Foundation* sitzt und inzwischen etwa 35 Milliarden US-Dollar in die Stiftung einbrachte.[43]

Welche Motivation treibt Superreiche wie Bill Gates an?

Stellen Sie sich vor, Sie besitzen ein gewaltiges Barvermögen. Also Geld, über das sie theoretisch jederzeit verfügen könnten. Sagen wir einmal, eine Summe von über 85 Milliarden Euro. Sie können sich alles leisten, was Sie möchten. Mit diesem Geld könnten Sie sich beispielsweise über 200 Flugzeuge vom Typ Boeing 777 in der teuersten Ausstattungsvariante kaufen. Oder knapp 400, wenn Ihr neuer Flugzeugpark nicht vollkommen abgehoben ausgestattet sein soll. Es handelt sich übrigens dabei um eines der größten Verkehrsflugzeuge der Welt.[44] Oder Sie könnten mit diesem Geld Ihre Garage um etwa 280.000 Ferrari vom Typ F8 Spider erweitern und in den nächsten 767 Jahren jeden Tag mit einem anderen Auto fahren. Vorausgesetzt, Sie leben so lange, was selbst bei diesem Reichtum eine ziemliche Herausforderung sein dürfte. Kurzum: Sie besitzen also so viel Geld, dass Sie sich damit beinahe die ganze Welt kaufen könnten.

Wie würden Sie sich fühlen? Wie Gott? Vermutlich ist es sehr schwer, sich mit einem so gewaltigen Vermögen, mit dem gleichzeitig eine Menge Macht und Einfluss einhergeht, nicht wie Gott zu fühlen oder zumindest wie der heimliche Herrscher auf diesem Planeten. Wahrscheinlich ist es Ihnen dann auch egal, ob Sie im kommenden Jahr noch weitere 3 Milliarden Euro – nach Steuern – verdienen werden, nicht wahr? Nebenbei bemerkt beträgt das jährliche Nettoeinkommen in Deutschland im Durchschnitt knapp 24.000 Euro. Sie müssten also 125.000 Jahre arbeiten, nur um diese 3 Milliarden Euro zu verdienen. Wenn Sie 85 Milliarden Euro an Barvermögen besitzen, geht es Ihnen dann noch darum, mehr Geld zu verdienen? Vermutlich nicht.

Lassen Sie dieses viele Geld einfach liegen und bleiben Sie damit völlig anonym? Diese Variante bejahen möglicherweise die meisten Menschen, doch wenn man das Verhalten von Superreichen genauer betrachtet, dann streben sie überwiegend nach Aufmerksamkeit. Ein Leben in Anonymität ist bei diesem Reichtum vermutlich ohnehin nicht mehr möglich und dann stellt sich nur noch die Frage, in welche Richtung man die Aufmerksamkeit, die man sowieso erzielt, lenkt.

Vielleicht geht es Ihnen jedoch darum, dieser Welt etwas zu vermachen, sich sozusagen unsterblich zu machen, ein Vermächtnis zu hinterlassen, an das sich die Menschen noch in 50 Jahren erinnern werden. Das könnte bei diesem Reichtum ein durchaus erstrebenswertes Ziel sein.

Oder wollen Sie vielleicht diese Welt beherrschen, die Strippen bei den wichtigsten Entscheidungen ziehen, von allen gefürchtet und gleichzeitig verehrt werden?

Je nachdem, welche Persönlichkeit man besitzt, ist eines der beiden letzten Szenarien bei einem so gewaltigen Vermögen, über das Menschen wie Bill Gates verfügen, durchaus realistisch. Welchen Weg er letztlich einschlägt, hängt ganz davon ab, wie er sich und seine Rolle in dieser Welt betrachtet. An dieser Stelle eine Ergänzung: Bill Gates besitzt sogar über 100 Milliarden US-Dollar an Vermögen. Also weit mehr, als in dieser Beispielrechnung angenommen wurde.

In einem Gastbeitrag in der Zeitschrift *The Economist* schreibt Bill Gates von drei medizinischen Durchbrüchen, die durch das neuartige Coronavirus entstehen werden. Dabei geht er davon aus, dass Pharmaunternehmen Impfstoffe entwickeln werden und der Großteil der Menschheit diese injiziert bekommt. Seine Vision besteht somit darin, dass in naher Zukunft beinahe alle Menschen auf diesem Planeten eine Schutzimpfung gegen das neuartige Coronavirus erhalten, also etwa 7 Milliarden Frauen, Männer und Kinder. Höchstwahrscheinlich wird er in irgendeiner Weise am dadurch entstandenen wirtschaftlichen Erfolg beteiligt sein. Zumindest wird er sich derart einbringen, dass sein Name untrennbar mit diesen Entwicklungen im Zusammenhang steht.[45]

Die Frage, die nun offen bleibt, lautet: Was treibt ihn dabei an? Niemand als er selbst wird diese Frage beantworten können, doch seine Motivation liegt vermutlich nicht alleine in der Vermehrung seines ohnehin unfassbaren Reichtums.

Pharmaindustrie und die Macht über die Politik

Man kann von Horst Seehofer (CSU) halten, was man will, aber als Bundesgesundheitsminister hätte er fast Geschichte geschrieben. 1993 wollte er eine sogenannte Positivliste einführen, die alle verschreibungsfähigen Medikamente enthält. Damit sollten die stetig steigenden Kosten bei den Arzneimittelausgaben ausnahmsweise einmal gesenkt werden. Doch noch vor dem Inkrafttreten wurde der Plan wieder aufgegeben. Seehofers Staatssekretär Baldu Wagner beschenkte den Präsidenten des Bundesverbandes der pharmazeutischen Industrie, Prof. Dr. Hans Rüdiger Vogel, bei einem Empfang mit einer geschredderten Positivliste, wie ein Schwarz-Weiß-Foto mit zwei gut gelaunten Herren belegt.[46]

Winfried Oelsner, Autor der ARD-Dokumentation „Die Macht der Pharmaindustrie", bediente sich beim ZDF-Archiv, um das passende Seehofer-Zitat zu finden. Strukturelle Veränderungen seien „nicht möglich wegen des Widerstandes der Lobby-Verbände", sagte der Politiker damals dem Magazin *Frontal 21*.

Lobbyisten-Route in Berlin dichtmachen!

Eine erstaunlich resignative Aussage, die nahelegt, dass am besten die Lobbyisten-Route im Berliner Regierungsviertel dichtgemacht werden sollte. Gerhard Schröder, Kanzler der rot-grünen Bundesregierung, legte die Idee mit der Positivliste 2004 endgültig zu den Akten. Dafür gibt es jetzt das noch von

Philipp Rösler (FDP) auf den Weg gebrachte Gesetz zur Neu-
ordnung des Arzneimittelmarktes. Das Ergebnis: Mit 37 Milliarden Euro leisteten die Krankenkassen 2015 Ausgaben in neuer Rekordhöhe.[47]
   Wieso verfügt die Pharma-Lobby über einen derart gewaltigen
Einfluss? Wie kam es dazu? In der ARD-Reihe „Akte D", die
2014 dafür einen Grimme-Preis erhielt, wird etwas weiter aus-
geholt als sonst im Fernsehen üblich. Oelsners Film setzt mit
dem Aufschwung der medizinischen Forschung im Kaiserreich
an, mit Carl Duisberg und dem Einstieg Bayers ins Arzneimit-
telgeschäft, mit den Werbefeldzügen für Aspirin und Heroin,
das zeitweise als „Mittel für alles" galt, sogar gegen Nympho-
manie. Aufwändige Marketing-Kampagnen und die Beeinflus-
sung wissenschaftlicher Gutachten gehörten schon damals zu
den Geschäftspraktiken.[48]

   In Frontal21 antwortete Seehofer als Gesundheitsminister auf
die Frage, ob die Pharmalobby so stark war gegen die Politik,
dass er deshalb die Positivliste zurückziehen musste: „Das ist so
und das schon seit 30 Jahren. Dass sinnvolle, auch strukturelle,
Veränderungen nicht möglich sind wegen des Widerstandes der
Lobbyverbände."[49]

Vogel- und Schweinegrippe

   Die wohl wichtigste Aufgabe der WHO besteht darin, bei Pandemien einzugreifen und die weltweiten Anstrengungen zu ihrer Eindämmung zu koordinieren. Am häufigsten treten In-
fluenza-Pandemien auf. Zu ihnen zählen die Vogelgrippe von
2005 und die Schweinegrippe von 2009/2010.

   Während der Vogelgrippe warnte der Influenza-Direktor der
WHO, der Deutsche Klaus Stöhr, eindringlich vor einer welt-

weiten Infektionswelle mit „bis zu sieben Millionen Toten". Daraufhin schafften Regierungen für Millionen Menschen die
Grippemittel *Tamiflu©* und *Relenza©* an.

Die Lizenz zur Herstellung von *Tamiflu©* hatte der Schweizer
Pharmagigant *Roche* 1996 vom US-Biotechnologieunternehmen
Gilead erworben, dessen ehemaliger Vorstandsvorsitzender und
Großaktionär der einstige US-Verteidigungsminister Donald
Rumsfeld war. *Roche* verdiente an dem Verkauf von *Tamiflu©*
über eine Milliarde Schweizer Franken. Die Vogelgrippe forderte jedoch nicht die angekündigten sieben Millionen, sondern
weltweit insgesamt 152 Menschenleben. Klaus Stöhr, der einen
entscheidenden Anteil an der Strategie der WHO hatte, verließ
die WHO nach Abklingen der Pandemie, um einen Direktoren-
posten beim Schweizer Pharmakonzern *Novartis* zu übernehmen.

Während der Schweinegrippe 2009 rief die WHO erneut den
Notstand aus. Zu diesem Zeitpunkt war die Französin Marie-
Paule Kieny Leiterin der WHO-Impfstoffabteilung. Sie hatte bis
1988 für das Biotechnikunternehmen *Transgene SA*, einem in
Frankreich ansässigen biopharmazeutischen Unternehmen,
gearbeitet. *Transgene SA* unterhält strategische Partnerschaf-
ten zur Impfstoffherstellung mit dem Pharmakonzern *Roche*
und Marie-Paule Kieny war vor ihrer Einstellung bei der WHO
für die von zahlreichen Pharmaunternehmen gesponserte *Europäische Impfinitiative* aktiv gewesen. Die Warnungen der
WHO vor den Folgen der Schweinegrippe fielen erneut derart
drastisch aus, dass viele Regierungen Notvorräte anlegten. Wie
bereits erwähnt, bestellte allein Deutschland damals Grippemittel und Impfstoffe im Wert von 450 Millionen Euro. Die tatsächliche Infektionswelle verlief jedoch relativ glimpflich. In
Deutschland entfielen beispielsweise auf 226.000 Erkrankungen nur 258 Todesfälle und damit weniger als bei einer norma-

len saisonalen Grippewelle. So mussten die mit Steuergeldern bezahlten Regierungsvorräte mangels Nachfrage vernichtet werden.

Die WHO und die Weltbank

Die Weltbank, beziehungsweise *World Bank*, hatte 2017 zusammen mit Rückversicherern – das sind Unternehmen, die Versicherungen versichern – einen Soforthilfefonds für Seuchenkrankheiten gegründet, der nach Aussage ihres damaligen Präsidenten „Millionen Menschen retten" würde. Herzstück dieses Fonds sind sogenannte Pandemieanleihen, die von Großinvestoren, Pensionskassen, Vermögensverwaltern und Stiftungen erworben werden und ihnen staatlich abgesicherte Zinsen von bis zu elf Prozent einbringen. Die Anleger gehen dabei das Risiko ein, im Falle des Ausbruches einer Pandemie entweder einen Teil ihres Geldes oder ihre gesamte, für die Anleihe bezahlte, Investition zu verlieren. Offiziell dienen Pandemieanleihen dazu, hilfsbedürftigen Staaten im Fall eines Pandemieausbruches zu finanzieller Unterstützung zu verhelfen. Die Auszahlung des Geldes ist allerdings an Kriterien gebunden, die von der WHO bestimmt und für jede Anleihe auf mehreren hundert Seiten vertraglich festgehalten werden.

Als 2018 im Kongo das Ebolavirus wütete und mehr als 2.000 Menschen tötete, handelte es sich um den zweitschwersten Ausbruch der Erkrankung überhaupt. Dennoch wurde nur ein geringer Teil des Geldes, 61 Millionen US-Dollar, ausgezahlt, da das Kleingedruckte der Anleihen folgende Klausel enthielt: Die Krankheit muss in mindestens acht Ländern ausbrechen und die Landesgrenze zu zwei Nachbarstaaten überschreiten und dort binnen eines bestimmten Zeitraumes eine hohe Zahl an Todesopfern fordern.

Dabei werden – abhängig vom Pandemiefonds – Zahlen von 250 bis 2.500 Todesfällen genannt.[50]

In Uganda einem Nachbarland des Kongo wurden damals aber nur drei Todesfälle nachgewiesen. Von der WHO. Darüber hinaus wurden die 61 Millionen US-Dollar erst drei Monate nach Ausbruch der Pandemie ausgezahlt, konnten also nicht mehr zu einer frühzeitigen Verhinderung der Ausbreitung beitragen. Eine nach der Ebola-Pandemie veröffentlichte Studie über die Effektivität von Pandemieanleihen erbrachte den Nachweis, dass bis heute mehr Geld für die Zinsen der Finanzinvestoren aufgewendet wurde als für die von dem Ebolavirus betroffenen Staaten. Somit ein gutes Geschäft für die Inhaber dieser Anleihen.

Insgesamt zeigt sich, dass die Weltgesundheitsorganisation seit je her anfällig für Korruption und Geschäftemacherei ist. Zusätzlich hat sie sich tief in die Abhängigkeit der *Bill and Melinda Gates Foundation* begeben, die inzwischen zu ihrem wichtigsten Geldgeber zählt. Wie weit diese Form der Zusammenarbeit die Entscheidungen der WHO beeinflusst, kann nur schwer abgeschätzt werden und hängt von vielen Faktoren ab, die in diesem Kapitel dargestellt wurden. Indes: Die Binsenweisheit „Wes Brot ich ess, des Lied ich sing" wird vermutlich auch auf diese Organisation zutreffen. Man muss wohl ein unverbesserlicher Optimist sein, um davon überzeugt zu sein, dass die WHO ihre Entscheidungen vollkommen unabhängig trifft.

Kapitel 3 – Was ist SARS-CoV-2?

Coronaviren sind schon seit den 1960er Jahren bekannt und gehören zu einer ganzen Reihe verschiedenster Krankheitserreger. Insbesondere infizieren sie Säugetiere, Nager sowie Vögel und in wenigen Fällen können sie auch für den Menschen gefährlich werden. Etwa dreißig Prozent aller Erkältungserkrankungen und einige Durchfallerkrankungen werden durch diese Viren ausgelöst. Diese Infektionen waren für den Menschen normalerweise nicht lebensbedrohlich, bis im Jahr 2002 ein neues Coronavirus auftrat: das SARS-assozierte Coronavirus (SARS-CoV).

Aus der Familie der Coronaviren

SARS steht als Abkürzung für „Schweres Akutes Respiratorisches Syndrom" und die durch dieses Virus verursachte Erkrankung gipfelt in einer atypischen Lungenentzündung, die für weltweite Aufmerksamkeit sorgte und Hunderttausende Todesopfer forderte.

SARS ist auf eine Zoonose zurückzuführen, also die Übertragung von einem tierischen auf einen menschlichen Wirt. Forschern zufolge mutierte dieses Virus mit den unter Menschen verbreiteten Coronaviren zu SARS-CoV. Der Ursprung von SARS liegt in China und wurde vermutlich von Larvenrollern ausgelöst. Bei dieser Tierart handelt es sich um katzenartige Raubtiere, die vor allem in Süd- und Südostasien verbreitet sind. Eine Zoonose konnte nur stattfinden, weil diese Tiere auch auf dem Speiseplan der dort lebenden Menschen stehen.

Ein ähnliches Virus, das MERS-CoV („Middle East Respiratory Syndrom Coronavirus"), ist eng mit dem SARS-CoV verwandt und brach 2012 im Mittleren Osten aus. In diesem Fall wird von einer Übertragung durch Fledermäuse ausgegangen, die ebenfalls auf dem Speiseplan der dort lebenden Menschen stehen. Bis Mai 2017 wurden damit weltweit 500 Menschen infiziert, von denen 142 verstarben.[51]

Die Entstehung von SARS-CoV-2 ist bislang noch immer nicht eindeutig geklärt und die Vermutungen über die Ursache reichen von einer spontanen Zoonose bis hin zu einem Virus, das in einem Labor gezüchtet wurde. Aufgrund seiner Ähnlichkeit und da dieses Virus ebenfalls zum ersten Mal in China auftrat, wird es unter anderem als SARS-CoV-2 bezeichnet. Die Bezeichnung „COVID-19" wiederum steht für „coronavirus disease 2019", also für eine Coronavirus-Krankheit, die erstmals im Jahre 2019 entstand.

Die Theorie der Tier-Mensch-Übertragung

Der renommierten medizinischen Fachzeitschrift *The Lancet* zufolge gab es am 1.12.2019 den ersten Fall einer COVID-19-Infektion bei einem Menschen.[52] Auf dem *Huanan Seafood Market*, einem großen Markt für Fisch- und Fleischwaren in der chinesischen Millionenmetropole Wuhan, einer Stadt mit mehr als 11 Millionen Einwohnern, sprang eine neuartige Variante des Coronavirus von einem Wildtier auf den Menschen über.

Wei Guixan, eine Markthändlerin, die Shrimps verkaufte, gilt als Patient Null. Die erste Person also, die mit dem SARS-CoV-2-Virus infiziert wurde. Einige Tage später ging sie zum Arzt, da sie die Symptome einer Erkältung bemerkte und dort steckte Wei Guixan weitere Menschen an. Das Virus verbreitete sich rasend schnell und sehr bald waren hunderttausende Menschen in Wuhan infiziert. Da sich regelmäßig auch viele Geschäftsleute in dieser Großstadt aufhalten, dauerte es nur wenige Wochen, bis sich das neuartige Coronavirus auf andere Länder ausweitete und sich dort weiterverbreitete.[53] So lautet jedenfalls die mehr oder minder offizielle Version.

Nach dieser Theorie stammt das Virus ursprünglich von einer Fledermaus oder einem Schuppentier, einer Säugetierfamilie, die ausschließlich in Süd-, Ost- und Südostasien sowie südlich der Sahara in Afrika lebt. Aber auch Schlangen stehen im Verdacht als Träger dieses Virus. Die ursprüngliche Herkunft konnte bislang nicht eindeutig geklärt werden, ebenso wenig, wie die Zoonose im Detail stattfand. Das bedeutet, es ist ungeklärt, ob die Übertragung auf den Menschen durch Nahrungsaufnahme eines infizierten Tieres oder durch körperliche Nähe möglich wurde.

Die Theorie der künstlichen Entstehung

Das *Wuhan Institute of* Virology wurde 1956 gegründet und trägt seinen heutigen Namen seit 1978 nach einer Reihe von Umbenennungen. Das Institut befindet sich im Bezirk Jiangxia vor den Toren der Millionenmetropole Wuhan.[54]

2015 wurde dort das erste Labor in China mit der biologischen Schutzstufe 4 eingeweiht. Die Gefährlichkeit dieser Schutzstufe wird wohl am besten in § 3 der deutschen Biostoffverordnung (BioStoffV) beschrieben. Es handelt sich bei dieser Risikogruppe nämlich um „Biostoffe, die eine schwere Krankheit beim Menschen hervorrufen und eine ernste Gefahr für Beschäftigte darstellen; die Gefahr einer Verbreitung in der Bevölkerung ist unter Umständen groß; normalerweise ist eine wirksame Vorbeugung oder Behandlung nicht möglich."[55] Dabei handelt es sich um Erreger, wie beispielsweise Ebola oder Variola-Viren, gemeinhin auch als Pocken-Erreger bekannt.

Im Jahre 2018 wurde in diesem Institut das „Zentrum für die Sammlung von Viruskulturen" fertiggestellt. Mit 1.500 Erregerstämmen ist es die größte Virendatenbank in ganz Asien.[56]

Übrigens wurde im *Wuhan Institute of Virology* auch der Ursprung von SARS entdeckt.

Während einerseits von vielen Wissenschaftlern ausgeschlossen wird, dass es sich bei SARS-CoV-2 um ein in einem Labor genetisch verändertes Virus handelt,[57] sehen britische Forscher vom *King's College* – immerhin eine der zehn größten Universitäten weltweit – Hinweise auf diesen Verdacht.[58] Die Biosicherheitswissenschaftlerin Filippa Lentzos vermutet einen möglichen Laborunfall, der schließlich zur SARS-CoV-2-Pandemie führte. Demnach könnte sich ein Labormitarbeiter mit dem Virus infiziert und es auf diese Weise außerhalb des Institutes verbreitet haben. Doch nicht nur die Forscher des *King's College* äußern diesen Verdacht. Auch aus US-Sicherheitskreisen ist die Befürchtung zu hören, dass das SARS-CoV-2-Virus aus dem Vireninstitut in der Nähe von Wuhan stammt und versehentlich in die Außenwelt getragen wurde. Außerdem wiesen US-Diplomaten in Peking laut *Washington Post* auf „unzureichende Sicherheitsstandards bei der Erforschung des SARS-ähnlichen Coronavirus" hin.[59]

Das Institut äußerte sich bislang (Stand: Juli 2020) nicht zu diesen Vorwürfen und gab an, am 30. Dezember 2019 erstmals Proben des zu dieser Zeit noch unbekannten Virus erhalten, und sein Genom am 2. Januar 2020 entschlüsselt zu haben.

Der Sprecher des chinesischen Außenministeriums Zhao Lijian wies alle Vorwürfe zurück und behauptete gleichzeitig, dass die US-Armee das Virus nach China brachte. Der Hintergrund dieser Anschuldigung liegt in den internationalen Militärspielen, die im Oktober 2019 in Wuhan stattfanden und an der auch das US-Militär teilnahm. Nach Ansicht von Lijian liegt der Ursprung von SARS-CoV-2 in den USA und er verortet als Ausgangspunkt das Biowaffenlabor auf dem US-Militärstützpunkt in Fort Detrick, das im August 2019 aufgrund von Mängeln geschlossen wurde. Dort forschte man angeblich an experimentellen Krankheitserregern und die Schließung des Labors soll der Vertuschung eines Unfalles gegolten haben.

Kurz danach bemerkte nämlich ein taiwanesischer Arzt eine Häufung von Lungenentzündungen, die in den USA auf den Konsum von E-Zigaretten zurückgeführt wurden. Nach Ansicht des Mediziners konnten die auftretenden Symptome jedoch nicht durch E-Zigaretten erklärt werden. Seiner Vermutung nach waren die damit im Zusammenhang stehenden Todesfälle bereits durch das Coronavirus entstanden. So könnten sich einige Mitglieder des US-Teams in Fort Detrick mit dem Virus infiziert haben. Da es zu Beginn durchaus zu keinen Symptomen kommen muss, flogen diese nach Wuhan und steckten dort bereits tausende Menschen an.[60]

Diese Theorie wurde Ende Januar 2020 durch einen Artikel in der renommierten Zeitschrift *Science* zusätzlich angeheizt. Demnach berechneten mehrere Forschungsgruppen, dass sich das Virus bereits Mitte November auszubreiten begann. Eine andere Forschungsgruppe gab sogar den Ursprung des Ausbruchs mit 18. September 2019 an und widerspricht damit der weitgehend akzeptierten Annahme, dass dieses Virus erstmals am 2. Dezember beim Menschen auftrat.[61] Diese Angaben wiederum könnten sich mit der Ankunft der US-Militärs in Wuhan decken.

Es bleibt also bislang noch weitgehend unklar, woher das neuartige Coronavirus tatsächlich stammt und ab welchen Zeitpunkt es sich beim Menschen verbreitete.

Wie gefährlich ist SARS-CoV-2?

Obgleich die Entstehung beziehungsweise die Herkunft des Virus noch nicht eindeutig geklärt ist, stellt sich die Frage nach der Gefahr, die von ihm ausgeht.

Es war von Anfang an klar, dass dieses neuartige Coronavirus – wie sein Vorgänger – im Körper des Menschen ausbrechen und dann die durchaus schwere Krankheit COVID-19 entwickeln kann. Die meisten Infektionen nehmen jedoch einen leichten Verlauf oder bleiben teilweise überhaupt ohne irgendwelche Symptome. Treten Erkrankungen auf, sind sie mit einer Grippe mehr oder minder vergleichbar.[62] Gefährlich kann es für ältere Menschen ab etwa 75 Jahren und für Menschen mit Vorerkrankungen werden. Nach Angaben des *Robert Koch Instituts* (RKI) kommt es in über 80 Prozent der Fälle zu eher milden Krankheitsverläufen.[63]

Natürlich sollen derartige Angaben die Gefährlichkeit von COVID-19 nicht herunterspielen, denn diese Erkrankung dürfte für die vorgenannte Personengruppe häufig lebensbedrohlich sein. Doch selbst dieser Punkt ist noch nicht völlig geklärt, wie im weiteren Verlauf dieses Buches noch ausgeführt wird.

Die Letalität, darunter wird das Verhältnis der Todesfälle zu der Zahl der Infizierten verstanden, verläuft in den verschiedenen Ländern stark unterschiedlich. Dazu gibt wiederum die *Johns Hopkins University* Auskunft. Die dafür relevanten Zahlen werden dort aus verschiedensten Quellen, wie offizielle Angaben von staatlicher Seite, aber auch Veröffentlichungen von Medienunternehmen oder Informationen aus sozialen Medien gewonnen. Insgesamt stammen die Daten von hunderten Einzelquellen aus etwa 180 Ländern, die gesammelt und aufbereitet werden.[64] Nach diesen Angaben schwankt die Letalität zwischen über 14 Prozent in Belgien und etwa 2 Prozent in der

Türkei mit einem weltweiten Durchschnitt von 6,73 Prozent Sterblichkeit von Menschen mit einer COVID-19-Infektion. Das bedeutet, durchschnittlich sterben rund 7 Prozent der Menschen, die mit dem neuartigen Coronavirus infiziert wurden, an den Folgen der Erkrankung, sofern sie ausbricht. In Deutschland sollen es knapp 3 Prozent sein, in den USA liegt der Wert bei 4,96 und in Italien bei 13,12 Prozent.[65]

Doch alle diese Werte sind mit Vorsicht zu betrachten, denn zum einen ist nicht bekannt, wie viele Menschen tatsächlich am neuartigen Coronavirus erkrankt sind und hierbei dürfte die Dunkelziffer der nicht identifizierten Fälle gewaltig sein. Zum anderen ist auch die Meldung der Corona-Todesopfer starker Kritik ausgesetzt.

So werden beispielsweise in Deutschland alle Verstorbenen mit einer identifizierten SARS-CoV-2-Infektion vom RKI automatisch als Corona-Tote erfasst. Selbst dann, wenn die Todesursache überhaupt nicht mit dem Virus in Verbindung gebracht werden kann. Auf beide Themen wird in diesem Buch noch ausführlich eingegangen, an dieser Stelle sei jedoch nur so viel vermerkt: Wenn jemand positiv auf das neuartige Coronavirus getestet wurde und anschließend mit seinem Auto einen Unfall erleidet und an den Folgen seiner Verletzungen stirbt, wird er in der Statistik als Corona-Toter geführt, weil eben zuvor SARS-CoV-2 bei dieser Person festgestellt wurde.

Aus diesem Grund sind sämtliche statistischen Angaben zur letalen Rate mit hoher Wahrscheinlichkeit sehr ungenau. Eine aufsehenerregende Studie von der *Stanford University* unter der Leitung des weltbekannten Epidemologen, Mediziners und Statistikers Prof. John Ioannidis zeigt, dass die Sterblichkeitsrate durch COVID-19 lediglich bei 0,12 bis 0,2 Prozent liegt, sofern man ausschließlich die Zahl der Sterbefälle derjenigen Menschen berücksichtigt, die <u>an</u> COVID-19 starben und nicht mit COVID-19.[66] Demnach liegt dieser Wert im Bereich einer typischen Influenza-Sterblichkeit, wie verschiedene Medien berichteten.[67]

Prof. Ioannidis zählt zu den am meisten zitierten Wissenschaftlern weltweit und er publizierte bislang über 1.000 Studien, Fachaufsätze und wissenschaftliche Artikel sowie unzählige Veröffentlichungen, an denen er als Mitautor beteiligt war.[68] Seine Arbeiten gelten in der Fachwelt als höchst präzise und qualitativ als ausgesprochen hochwertig. Wenn also ein Wissenschaftler dieses Kalibers eine wissenschaftliche Veröffentlichung zu einem hochbrisanten Thema, wie die Sterblichkeitsrate durch COVID-19, publiziert, dann kann man getrost davon ausgehen, dass er dabei besonders gewissenhaft vorging.

Die WHO wiederum schätzt die Sterblichkeit mit dem neuartigen Coronavirus weltweit auf ein bis drei Prozent ein. Man kann hier bereits die Abweichung zu den Ergebnissen aus der Ioannidis-Studie erkennen. Zieht man dann noch die Angaben der *Johns Hopkins University* zu Ländern wie Belgien (14,29 Prozent) oder Italien (13,12 Prozent) als weiteren Vergleich hinzu, so erkennt man sehr schnell, dass bei diesen vielen Vergleichen, Hochrechnungen und Schätzungen irgendetwas nicht stimmen kann. Der Grund für die eklatanten Differenzen der Ergebnisse von Professor Ioannidis zu den restlichen Daten liegt wohl daran, dass der Stanford-Wissenschaftler die Werte der Verstorbenen mit COVID-19 herausrechnen konnte, während in so gut wie allen anderen Hochrechnungen sämtliche Todesfälle von SARS-CoV-2-Infizierten für ihre Ergebnisse verwendet wurden.

Ging man vor allem zu Beginn davon aus, dass sich das Virus in erster Linie in der Lunge ausbreitet, so gibt es zwischenzeitlich viele Hinweise darauf, dass es vor allem Thrombosen und Lungenembolien hervorruft. Neuere Untersuchungen zeigen, dass es sich sogar um ein Multiorganvirus handelt, das zusätzlich insbesondere die Nieren schädigt. Ob dies bereits Hinweise auf eine oder mehrere Mutationen von SARS-CoV-2 sind, ist bislang noch nicht geklärt.[69]

Die Zuverlässigkeit der Coronatests

Um eine frische Corona-Infektion nachzuweisen, wird – neben einem Bluttest – normalerweise ein Rachen- oder Nasenabstrich durchgeführt und die Probe in ein entsprechendes Labor geschickt, um sie auszuwerten. Etwa 400 derartige Einrichtungen stehen dafür in Deutschland zur Verfügung. Bis ein Ergebnis vorliegt, dauert es einige Tage, daher ist das bisherige Testverfahren für deutschlandweite Massentests nicht geeignet. Eine wirklich befriedigende Lösung für Massentests innerhalb der Bevölkerung befindet sich – zumindest während der Entstehung dieses Buches – noch nicht in Sicht.

Um dieses Verfahren zu beschleunigen, haben inzwischen viele Pharmafirmen Testkits für Privatpersonen entwickelt, die innerhalb weniger Minuten ein Ergebnis liefern. Das bedeutet, theoretisch könnte jeder zu Hause einen Corona-Test durchführen und innerhalb eines relativ kurzen Zeitraumes könnte man bundesweite Klarheit über die Anzahl der Infektionen mit SARS-CoV-2 erhalten. Leider nur theoretisch, denn so einfach ist es nicht.

Dieses Verfahren gilt nämlich als zu fehleranfällig und damit zu ungenau, um sichere Ergebnisse zu erhalten. Das Hauptproblem dabei liegt darin, dass etwa der Rachenabstrich aus dem hinteren Halsbereich entnommen werden muss. Dazu verwendet man ein längeres Wattestäbchen und führt dieses an der Zunge vorbei. Genau darin liegt die Schwachstelle, denn berührt man dabei die Zunge, verfälscht dies bereits das Testergebnis. Das gleiche Problem entsteht bei einem Abstrich über die Nase. Geschultes Personal, wie Krankenschwestern, Krankenpfleger oder Ärzte, gehen dabei routiniert vor und vermeiden damit verfälschte Testergebnisse. Dann wiederum wäre der Gang in die Arztpraxis oder ins Krankenhaus jedoch unvermeidlich, doch das lässt sich organisatorisch nicht umsetzen. Auf diese Weise würde nämlich der Kontakt zu anderen Menschen erhöht werden und außerdem stößt dadurch das medizinische Personal schnell an seine Grenzen, wenn plötzlich zig Millionen Menschen in Deutschland die medizinischen Einrichtungen stürmen.

Pharma-Riesen wie Abbott oder Roche haben sich bereits auf diesen enorm lukrativen Markt der Testkits für die Anwendung in den eigenen vier Wänden gestürzt, aber auch viele Start-ups – darunter das Berliner Unternehmen *PharmAct* – versuchen, ein Stück vom Kuchen abzubekommen. Das weltweite Geschäft mit den Testkits ist gewaltig. So plant beispielsweise das US-Pharmaunternehmen Abbott in diesem Bereich, seine Produktion mittelfristig auf eine Million Stück pro Woche zu erhöhen.[70]

Doch wie sicher sind die SARS-CoV-2-Testverfahren überhaupt? Zunächst einmal muss zwischen einem PCR-, einem Antikörper- und einem Antigentest unterschieden werden.

Ein PCR-Test misst die Viruslast. Das bedeutet, es wird die Menge der Viren gemessen, die sich in der vorhandenen Probe befinden. Der Virologe Christian Drosten, Lehrstuhlinhaber und Institutsleiter an der *Charité Berlin* und ein weltweit anerkannter Experte für Coronaviren, stuft den PCR-Test als zuverlässige Möglichkeit ein, um die Infektion mit SARS-CoV-2 nachzuweisen.

Trotzdem finden sich diese Tests immer wieder heftiger Kritik ausgesetzt, da sie falsche Ergebnisse liefern können. Diese können – wie bereits beschrieben – schon bei der Probenentnahme entstehen. Zudem ist niemals auszuschließen, dass die Probe auf dem Weg zum Labor unbrauchbar wird. Das bedeutet andererseits, wenn die Probenentnahme exakt durchgeführt wird und der Weg ins Labor unter idealen Bedingungen stattfindet, steht einer hohen Ergebnissicherheit nichts im Wege. Theoretisch ja, doch es gibt Studien, die Zweifel an der diagnostischen Qualität im Falle von SARS-CoV-2 aufkommen lassen, wie der Kritiker der Corona-Maßnahmen Dr. Wolfgang Wodarg herausfand. So zeigt eine Studie, dass PCR-Tests lediglich zu 30 bis 50 Prozent auf eine vorhandene Infektion mit dem neuartigen Coronavirus hinweisen konnten.[71] Eine weitere Forschungsarbeit zeigte bei 610 mit SARS-CoV-2 infizierten Patienten auf, dass diese bei nochmaligen PCR-Tests eine beinahe beliebige Abfolge von positiven, negativen und unbestimmten Ergebnissen hervorbrachten.[72] Demnach wäre die Ergebnisqualität von PCR-Tests sozusagen als „beliebig" einzustufen und in seiner Aussagekraft vollkommen irrelevant. So stehen also die Experten vor einem Dilemma, wenn die einen behaupten, diese Tests gelten als höchst zuverlässig, während andere Forscher in Studien herausfanden, dass die Ergebnisse eher einem Würfelspiel gleichen.

Dr. Wodarg geriet seit Beginn der Corona-Krise vielfach in das Kreuzfeuer der Kritik, weil er sich bereits nach kurzer Zeit gegen die Sinnhaftigkeit einer Pandemie und der damit verbundenen Maßnahmen aussprach. Nun ist er nicht irgendein verrückter Verschwörungstheoretiker, sondern ein anerkannter Internist und Pneumologe, der von 1994 bis 2009 Mitglied im Deutschen Bundestag war und verschiedene Funktionen im Europarat ausübte. Mehr über Dr. Wodarg und seine Arbeiten wird in einem späteren Kapitel in diesem Buch noch ausführlich geschrieben.

Auch Christian Drosten gilt als anerkannter Experte auf seinem Gebiet und er wurde alsbald nach Aufkommen von SARS-

CoV-2 in den Medien bekannt. Es stellt sich nun die Frage, wieso sich ein solcher Experte für Coronaviren so explizit für das PCR-Testverfahren ausspricht, während auf der anderen Seite Wissenschaftler und Mediziner wie Dr. Wodarg vehement vor deren Fehleranfälligkeit warnen.

Ein Grund für die positive Haltung von Christian Drosten gegenüber dem PCR-Test dürfte darin bestehen, dass er für den weltweit ersten PCR-Test für das neuartige Coronavirus verantwortlich war. Dieser Test wurde sogar von der WHO als neuer Leitfaden für Labore veröffentlicht.[73] Von der Genauigkeit und Einsetzbarkeit dieses Tests – und von PCR-Tests im Allgemeinen – hängt also für ihn sicherlich einiges ab. Fallen sie durch, schadet es möglicherweise seiner Reputation. Das könnte fatale Auswirkungen für seine weitere Karriere nach sich ziehen. Zusätzlich gilt es zu bedenken, dass diese Tests in gewaltigen Stückzahlen angewendet werden und damit ist auch ein gewisses wirtschaftliches Interesse vorhanden. Die Hersteller produzieren riesige Mengen dieser PCR-Tests und wenn plötzlich bekannt wird, dass die Ergebnisse bestenfalls vage sind, kann das zu einem unternehmerischen Fiasko für die betroffenen Hersteller führen. Ob Christian Drosten etwas vom großen Umsatzkuchen abbekommt, bleibt offen. Er jedenfalls stellt klar, dass er keinen Cent am Vertrieb der Testkits verdient.[74] Es ist schwer überprüfbar, ob Drosten persönliche finanzielle Vorteile aus dem von ihm beziehungsweise dem von seinem Team unter seiner Leitung entwickelten PCR-Test erzielt oder ob sein Institut an der *Berliner Charité* – dessen Leiter er ist – finanziell davon profitiert.

Eines sollte man wissen, wenn ein Mitarbeiter einer universitären Einrichtung davon spricht, keinen persönlichen finanziellen Vorteil zu genießen, wenn ein solches Produkt den Markt erobert: Derartige Forschungseinrichtungen verfügen normalerweise über so genannte Drittmittelkonten, um eben Forschungen oder wissenschaftliche Studien durchführen zu können. Drittmittel sind finanzielle Mittel, die Hochschulen und Forschungseinrichtungen von dritter Seite zufließen, also für gewöhnlich von Pharmaunternehmen und Unternehmen, die sich Vorteile von den veröffentlichten Studien und Forschungsergebnissen versprechen. Einer der Autoren dieses Buches arbeitete knapp zwei Jahrzehnte in leitender Position in Pharma- und Medizintechnikunternehmen und kennt daher die Praxis dieser Zuwendungen zu Genüge. So ist auch bekannt, dass viele Institutsleiter an Universitätskliniken dazu angehalten sind, für eine ausreichende finanzielle Ausstattung ihrer Drittmittelkonten zu sorgen.

Diese Praxis ist nicht unüblich und gleichzeitig vollkommen rechtmäßig, das sei an dieser Stelle auch erwähnt. Ob es nun Zuwendungen im direkten Zusammenhang mit der Entwicklung der PCR-Tests am Institut von Christian Drosten gab oder ob es Drittmittel für sein Institut nach Markteinführung dieses Tests waren – beispielsweise für weitere Forschungen – ist nicht bekannt. Diese Information müsste offengelegt werden, doch das war bislang nicht der Fall.

Christian Drosten sagt – wie bereits zuvor aufgeführt – er verdiene keinen Cent daran. Dabei kann es sich jedoch lediglich um eine rhetorische Finte handeln, denn im Falle von Drittmitteln verdient er persönlich tatsächlich keinen Cent und auch sein Institut erwirtschaftet damit keinen Gewinn. Das bedeutet jedoch nicht, dass er – Drosten – keinerlei persönliche Vorteile aus weiteren Forschungs- und Studienveröffentlichungen gewinnt. Dazu sollte man wissen, dass viele Wissenschaftler dank ihrer Veröffentlichungen für manche Unternehmen interessant werden und als Referenten beziehungsweise als Experten gebucht werden, um eben über ihre wissenschaftlichen Arbeiten auf diversen Veranstaltungen zu sprechen. Dafür fließen normalerweise Honorare. Das bedeutet, dieser Referent oder Experte wird für seine Vortrags- oder Beratertätigkeit vom Unternehmen entsprechend bezahlt. Je „attraktiver" somit ein Wissenschaftler ist – durch seine wissenschaftlichen Veröffentlichungen und durch den damit verbundenen Expertenstatus – umso mehr Geld verdient er durch Vortrags- und Beratertätigkeiten.

Der Vorteil für Medizintechnik- oder Pharmaunternehmen, einen bekannten Experten zu einem Thema als Referenten zu gewinnen, besteht übrigens darin, dass letzten Endes der Verkauf bestimmter Produkte dadurch vorangetrieben wird. Es handelt sich dabei also um klassisches Marketing.

Ein Beispiel: Ein weltweit anerkannter Experte präsentiert Studien, die den Wirkstoff eines Medikamentes in den Himmel loben. Das Patent dieses Wirkstoffes hält ein Pharmaunternehmen und es verkauft das entsprechende Produkt. Die Vertriebsmannschaft des Unternehmens besucht die Arztpraxen, präsentiert die Studien eines weltweit anerkannten Experten, ruft in diesen Gesprächen die Vorträge des Experten in Erinnerung, die man auf sämtlichen fachärztlichen Kongressen verfolgen konnte.

Was wird passieren? Viele Ärzte werden vermutlich der Meinung dieses Experten folgen und lieber ein Medikament verschreiben, das als sicher und zuverlässig gilt – denn genau das propagiert der Experte –, wodurch die Verkaufszahlen in die Höhe schnellen.

Es ist nicht bekannt, ob Christian Drosten einen derartigen Nutzen aus der Entwicklung des PCR-Tests ziehen konnte. Gleichzeitig ist klar, dass Experten wie er durchaus einen Wert für viele Unternehmen darstellen. Dass Christian Drosten über ausgezeichnete kommunikative Fähigkeiten verfügt weiß jeder, der ihn in einer der zahlreichen TV-Diskussionen und Interviews erleben durfte. Nicht zuletzt wegen seiner Kommunikationsstärke bekam er auch den mit 50.000 Euro dotierten Sonderpreis zum Communicator-Preis der Deutschen Forschungsgemeinschaft und des Stifterverbandes.[75]

Zusammenfassend lässt sich feststellen, dass Professor Drosten sehr überzeugt von der Genauigkeit der PCR-Tests ist, und davon ist er nicht abzubringen. Welcher Motivation diese Überzeugung entspringt, ist jedoch nicht ganz eindeutig. Entspringt sie aus seiner inneren Haltung oder gibt es da noch andere Faktoren, die er in seinen öffentlichen Statements weglässt? Die Frage ist zudem, ob und wenn ja, welchen Einfluss die Spendenzahlungen der *Bill and Melinda Gates Foundation* an die *Charité Berlin* auf die öffentliche Kommunikation von Prof. Christian Drosten nehmen.[76]

All das klingt ziemlich verworren und verwoben und trotzdem hat es der Virologe Drosten geschafft, zum bundesweiten Sprachrohr der deutschen Regierung in Sachen SARS-CoV-2 zu werden. Ein Umstand, der sicherlich seinem umfangreichen Fachwissen, und auch seinen bereits gebührend hervorgehobenen hervorragenden kommunikativen Fähigkeiten zu verdanken ist. Andere Experten, Mediziner zum Beispiel, hatten weit weniger Glück, von der Regierung so intensiv herangezogen zu werden und die deutsche Medienlandschaft mit ihrer Präsenz über Monate hinweg permanent zu erfreuen. Mediziner wie etwa Prof. Dr. med. Clemens Wendtner, Chefarzt der Klinik für Infektiologie an der *München Klinik Schwabing*. Er hält die Gefährlichkeit des neuartigen Coronavirus für überschätzt und sieht die Sterblichkeitsrate eher im Promillebereich. Diese Aussage stammt vom Februar 2020 und sie schlägt interessanterweise in die gleiche Kerbe wie das Studienergebnis der *Stanford University*, das ungefähr zwei Monate später veröffentlicht wurde.[77]

Im Übrigen wurde diese Klinik in Schwabing bislang noch nicht mit einer Spende der Gates-Foundation bedacht. Das kann jedoch auch daran liegen, dass es sich dabei um keine universitäre Forschungseinrichtung handelt. Spannend bleibt es trotzdem, weshalb der eine – Christian Drosten – gefühlt permanent in den Medien seine Botschaften, Thesen und Vermutungen verbreiten darf, während andere Experten fast vollständig von den großen Medienanstalten – und von der Regierung – ignoriert werden.

Nun zu den Antikörpertests und um es gleich vorwegzunehmen: Erst im Mai 2020 wurden Labortests auf Antikörper gegen SARS-CoV-2 von der *Kassenärztlichen Bundesvereinigung* (KBV) zugelassen. Davor konnten Antikörpertests zwar Coronaviren nachweisen, jedoch nicht spezifisch das neuartige Coronavirus.[78]

Das Grundprinzip von Antikörpertests beruht auf der Eigenschaft unseres Körpers, einen Erreger durch das körpereigene Immunsystems zu bekämpfen. Dabei werden nach einer Infektion Antikörper gebildet und diese verhindern eine neuerliche Erkrankung. Für dieses Testverfahren müssen jedoch bereits genügend Antikörper vorhanden sein und im Falle von SARS-CoV-2 ist dies frühestens 14 Tage nach Erstinfektion der Fall. Daher eignen sich derartige Tests nicht zur Früherkennung.

Derzeit gibt es am Markt außerdem frei verkäufliche Antikörper-Testkits, doch nach Information der KBV sollen diese angebotenen Coronavirus-Schnelltests grundsätzlich nicht die nötige Aussagekraft besitzen. Daher werden sie auch nicht von den Krankenkassen übernommen.

Schließlich existiert noch die Möglichkeit, das neuartige Coronavirus über einen Antigentest zu bestimmen, doch auch dafür gibt es nach derzeitiger Kenntnislage bislang kein geeignetes Testverfahren.

Das Grundprinzip beim Antigentest besteht darin, dass im Gegensatz zum Antikörpertest kein Virusfragment aufgespürt wird, denn der Antikörper befindet sich bereits im Test selbst. Falls man mit SARS-CoV-2 infiziert wurde, reagiert dieser Test darauf, weil er dieses Virus sofort attackiert und diese Reaktion wird entsprechend nachgewiesen. Beide Testverfahren – Antikörper und Antigen – besitzen den Vorteil, dass sie relativ schnell ein Ergebnis anzeigen, nämlich innerhalb von 15 bis 20 Minuten. Der Antigentest kann zudem bereits in einem sehr frühen Stadium der Infektion eingesetzt werden, vergleichbar mit dem PCR-Test.

Doch wie zuverlässig arbeiten die bisher verwendeten Tests zur Identifikation von SARS-CoV-2 nun wirklich? Dazu gibt es ein interessantes Detail, das aufhorchen lassen sollte. Der Staatspräsident von Tansania, John Magufuli, ließ unterschiedlichste Testproben von einem Labor auf das neuartige Coronavirus testen. Das Besondere daran: Es wurden Proben von beispielsweise Schafen, Ziegen, Vögeln, sowie von Früchten, wie Papaya und Jackobsfrucht und sogar Motoröl dafür verwendet, die mit Personennamen, Geschlecht und Altersangaben versehen wurden. So lautete etwa die Bezeichnung einer Motoröl-Probe „Jabil Hamza, 30 Jahre, männlich". Das sollte den Eindruck erwecken, dass menschliche Proben verschickt wurden, die auf SARS-CoV-2 getestet werden sollten.

In einer TV-Aufnahme, die auf Videoportalen zu sehen ist,[79] beschrieb Magufuli die Testergebnisse. Sie reichten über die gesamte Bandbreite von negativen, aber auch uneindeutigen und positiven Testergebnissen. So wurde beispielsweise eine Papaya positiv auf das Coronavirus getestet, ebenso wie eine Ziege. Das bedeutet im Umkehrschluss, dass die Flüssigkeit einer Papaya corona-positiv ist, ebenso wie die getestete Ziege. Auch die Proben eines Vogels waren positiv, die eines Hasen jedoch uneindeutig. Also zählt dieser Vogel ebenfalls zu den Unglücklichen, die mit dem neuartigen Coronavirus infiziert wurden, während der Hase mit der Unsicherheit leben muss, ob es ihn auch erwischt hat. Übrigens war das Ergebnis von Jabil Hamza – das Motoröl – uneindeutig.

Daraus lassen sich einige Vermutungen ableiten: Das Labor durchschaute den Trick und erlaubte sich mit den Ergebnissen einen Scherz, doch das erscheint eher unwahrscheinlich. Es könnte auch sein, dass die Ergebnisse tatsächlich allesamt korrekt waren und SARS-CoV-2 befindet sich in vielen Tieren, in verschiedenen Früchten und möglicherweise sogar in Motorölen, wobei in diesem Fall noch keine eindeutige Aussage zu treffen ist. Eine andere Möglichkeit ist, die verwendeten Testkits waren fehlerhaft oder vielleicht teilweise mit dem Coronavirus kontaminiert. Es kann aber auch sein, dass diese Tests schlichtweg viel zu ungenau sind, um eindeutig SARS-CoV-2 zu identifizieren.

John Magufuli stellte jedoch noch eine weitere These auf. Seiner Ansicht nach waren entweder die Labormitarbeiter gekauft oder schlecht ausgebildet. Die zweite Variante hält er allerdings für ungewöhnlich, da diese Mitarbeiter auch bei anderen Krankheiten zum Einsatz kamen und über ausreichend Erfahrung verfügen. Seiner Ansicht nach gibt es Patienten, die positiv auf Corona getestet wurden, obwohl das überhaupt nicht stimmt und manche davon sterben vielleicht sogar vor Angst vor den Folgen dieser Erkrankung. Eine mögliche Kontaminierung der Testproben durch bereits infizierte Personen schließt

Magufuli aus, denn diese wurden fachgerecht aus dem Inneren der Früchte entnommen und somit wäre dies überhaupt nicht möglich. Ebenso wenig bei den Tieren, da ihnen Blut abgenommen wurde, das mit Menschen nicht in Kontakt kam. Die WHO äußerte sich kurz darauf zu dieser Veröffentlichung. So sagte die Afrika-Leiterin der WHO, Matshidiso Moeti, am 7.5.2020: „Wir sind überzeugt, dass die Tests, die gestellt wurden und die auf dem internationalen Markt sind, (...) nicht mit dem Virus kontaminiert sind."[80] Interessanterweise äußerte die Weltgesundheitsorganisation nicht die wohl naheliegende Begründung, um diesen Schlag ins Gesicht abzuwehren: Medizinische Testverfahren sind grundsätzlich spezifisch ausgerichtet. In diesem Fall ist es die Identifizierung des neuartigen Coronavirus aus dem Rachen des Patienten oder aus dem Blut. Wenn nun eine völlig andere Flüssigkeit auf einen derartigen Test aufgebracht oder mit der Testsubstanz vermengt wird, dann kann es sein, dass dieser Test verrückt spielt und vollkommen beliebige Ergebnisse anzeigt. Auch das ist nur eine Vermutung, denn jedes Testverfahren ist unterschiedlich aufgebaut und reagiert in anderer Weise.

Welche Annahme nun stimmt, wird wohl nie geklärt werden. Trotzdem lässt die Veröffentlichung von John Magufuli einige Fragen offen, vor allem jene, wie sicher diese Tests überhaupt sind. Wie weit können wir uns darauf verlassen, ob ein Testergebnis korrekt ist oder nicht? Es sieht ganz danach aus, als ob diese Fragen noch nicht wirklich geklärt sind und es stellt sich eine weitere Frage: Was wird unternommen, um die Ergebnisqualität auf das notwendige Niveau zu heben?

Die Gefahren eines möglichen Impfstoffes

Derzeit forschen viele Unternehmen an einem neuen Impfstoff, der gegen COVID-19 eingesetzt werden kann. Die Frage
dabei lautet zunächst einmal: Wann kommt eine Impfung gegen
diese Erkrankung auf dem Markt?

Normalerweise müssen im Rahmen einer Impfstoffentwicklung weltweit Regularien eingehalten werden, die sehr strengen
Vorgaben unterliegen. Im Rahmen der Corona-Pandemie
stimmten verschiedene staatliche Stellen einem beschleunigten
Verfahren zu. Das bedeutet, dass die Vorgaben zur Impfstoffentwicklung gelockert werden, um vor allem behördliche
Auflagen zu reduzieren und damit die Entwicklungszeit zu beschleunigen. Da die normalen Regularien in erster Linie beschlossen wurden, um den Menschen zu schützen, liegt genau in
diesem gelockerten Verfahren die größte Gefahr, da bei einer
Lockerung gleichzeitig auch das Risiko von für den Menschen
gefährlichen Nebenwirkungen ansteigt.

Zusätzlich ist der Impfstoff selbst ein weiterer Kritikpunkt,
vor dem viele Experten warnen. Coronaviren gehören zur Familie der RNA-Viren. Im Falle von SARS-CoV-2 liegt das Genom
als RNA vor. Diese Viren gelten in der Biologie nicht als eigene
Lebewesen – wie es bei anderen Viren der Fall ist –, da sie sich
nicht aus eigenem Antrieb fortpflanzen können. Vielmehr benötigen sie eine Wirtszelle, da sie über keinen eigenen Stoffwech-
sel verfügen. Es muss sich also auf Kosten seines Wirtes ver-
mehren.

RNA-Impfstoffe arbeiten nicht mehr mit Antigenen, die ge-
impft werden, woraufhin der menschliche Körper direkt selbst
Antigene produziert und damit das Immunsystem mit genügend
Informationen versorgt, um das Virus zu bekämpfen. Sie arbei-

ten stattdessen mit einer so genannten „Messenger-RNA", auch Boten-RNA genannt. Diese Boten-RNA wird entsprechend manipuliert, damit sie von den körpereigenen Zellen angenommen wird. Damit das gelingt, wird sie mittels Nanopartikeln in den Körper eingeschleust. Dort wird diese RNA ausgelesen und virale Proteine werden hergestellt. Mit diesem Verfahren sorgt der Impfstoff für die Produktion von Antigenen.

Es handelt sich dabei also um einen massiven Eingriff in die Physiologie der menschlichen Zellen. Bislang ist noch nicht geklärt, welche schädlichen Immunreaktionen dadurch ausgelöst werden könnten und ob es Langzeitfolgen durch diese Impfung gibt. Zudem ist unklar, ob diese Impfungen auf lange Sicht überhaupt effizient sind. Das alles müsste noch in klinischen und vorklinischen Studien geprüft werden, weil diese Impfstoffe noch in keiner Weise marktreif sind, denn dafür ist diese Technologie noch viel zu neu und daher unausgereift. Aus diesem Grund warnen viele Mediziner davor, auf Druck diese Impfstoffe herstellen zu lassen. Somit ist es unverantwortlich, wenn die Zeit bis zur Zulassung von normalerweise mehreren Jahren auf 18 Monate verkürzt werden soll.[81]

Ein besonderer Vorteil dieser Impfstoffe besteht übrigens darin, dass sie in der Herstellung sehr billig sind. Es handelt sich also um ein ausgesprochen lukratives Produkt und das ist vermutlich einer der Gründe, weshalb sich die meisten Unternehmen bei der Impfstoffentwicklung auf diesen Ansatz fokussieren.

Die Chance ist groß, dass in absehbarer Zeit Impfstoffe auf den Markt kommen werden, die das SARS-CoV-2-Virus im menschlichen Körper unschädlich machen, keine Frage. Jedoch wird es sich dabei um Impfstoffe handeln, die nicht ausreichend in klinischen Studien auf Nebenwirkungen und Verträglichkeit, vielleicht auch auf Wirksamkeit, geprüft wurden. Das birgt die große Gefahr in sich, dass sich alle geimpften Menschen dem gewaltigen Risiko aussetzen, an den Folgen der Impfung zu erkranken, mit schwer abschätzbaren Verläufen. Dieses Szenario erinnert an die Impfkampagnen der WHO, die in Afrika und Indien durchgeführt wurden, wie im zweiten Kapitel bereits berichtet.

Schließlich besteht das Risiko, dass diese Impfstoffe Bestandteile enthalten, deren Wirkung auf den menschlichen Körper überhaupt noch nicht bekannt ist und es deshalb zu einer Menge an Komplikationen kommen könnte. Komplikationen, die man sich im Moment nicht ansatzweise vorstellen kann. Etwa genetische Defekte, die sich auf Nachkommen übertragen und vieles mehr, doch das sind an dieser Stelle lediglich Spekulationen, da dieses Feld eben noch weitgehend unbekannt ist. Es bleibt letzten Endes den Menschen selbst überlassen, welchen Weg sie wählen. Es bleibt zu hoffen, dass wir alle über die möglichen Folgen ausreichend aufgeklärt werden, bevor uns der neue Impfstoff injiziert wird.

Kapitel 4 – Hintergründe und Entstehung der Pandemie

Wie bereits im vorigen Kapitel beschrieben, gilt Wuhan mehr oder minder offiziell als Ursprungsort für das neuartige Coronavirus und von dort aus nahm alles seinen unheilsamen Verlauf.

Der Ausbruch von SARS-CoV-2 in Wuhan galt als besonders problematisch, weil diese Stadt zu den zehn wirtschaftlich bedeutendsten Städten Chinas zählt und sehr verkehrsgünstig zwischen den Großstädten Peking, Shanghai, Chengdu und Guangzhou liegt. Der Binnenhafen am Fluss Yangtze verbindet Wuhan mit den anderen Provinzen Chinas. Auf dem drittlängsten Fluss der Welt werden hundert Millionen Tonnen Waren pro Jahr transportiert.[82]

Die weltweite Ausbreitung

Am 23. Januar 2020 stellten die chinesischen Behörden Wuhan unter Quarantäne. Bis zu diesem Zeitpunkt galten in ganz China 639 Personen als erkrankt, wovon 18 verstarben.[83] Bereits am 14. Januar gab es den ersten gemeldeten Fall in Thailand; es war das erste Land, in dem SARS-CoV-2 außerhalb Chinas nachgewiesen wurde. Am 24. Januar wurden in Frankreich zwei Fälle von Erkrankungen mit dem neuartigen Coronavirus gemeldet. Es handelte sich dabei um Reisende, die aus China zurückgekehrt waren. Das Virus erreichte an diesem Tag Europa.[84]

Wenige Tage später gab es in China laut offiziellen Meldungen bereits 7.000 Infektionen mit 162 Todesfällen, davon alleine 4.500 Meldungen aus der Provinz Hubei, in der sich Wuhan befindet.

Nach Frankreich gab es im bayerischen Landkreis Starnberg den ersten Fall in Deutschland und bald darauf erreichte das Coronavirus Finnland.[85]

Am 28. Januar breitete sich das Virus in Italien aus[86] und am 31. Januar wurde der erste Fall in Spanien bekannt. Dabei handelte es sich um einen deutschen Touristen, der auf der Kanareninsel La Gomera positiv auf SARS-CoV-2 getestet wurde.[87] Es dauerte nur wenige Tage, bis offizielle Meldungen von Infektionen mit SARS-CoV-2 aus beinahe sämtlichen europäischen Ländern veröffentlicht wurden und kurz darauf gab es in fast allen Ländern weltweit Fälle von Corona-Erkrankungen.

Vom internationalen Gesundheitsnotstand zur Pandemie

Am 30.1.2020 rief die WHO den internationalen Gesundheitsnotstand, den „Public Health Emergency of International Concern" (PHEIC) aus. Damit soll der Erreger über Landesgrenzen hinweg eingedämmt werden und mit dem Ausruf dieses Notstandes gibt die WHO gleichzeitig Empfehlungen an alle Staaten aus, die jedoch nicht befolgt werden müssen. Dazu zählen Überprüfungen von Passagieren auf Flughäfen, von Gütern und Containerladeplätzen, aber auch Empfehlungen zu Handel und Reisen. Die empfohlenen Maßnahmen werden von einem Notfallausschuss („International Health Regulations Emergency Committee") koordiniert, der sich aus internationalen Experten und Vertretern der meldenden Mitgliedsstaaten zusammensetzt.[88]

Der Leiter dieses Ausschusses war übrigens Michael Ryan, ein ehemaliger irischer Unfallchirug und Epidemiologe, der auch mit der *Bill and Melinda Gates Foundation* an der Eindämmung von Infektionskrankheiten in Afrika zusammenarbeitete.[89]

Neben der Empfehlung der WHO, Länder mit weniger entwickelten Gesundheitssystemen zu unterstützen, sollen die Arbeiten an Medikamenten und Impfstoffen beschleunigt werden. Bislang wurde der internationale Gesundheitsnotstand fünf Mal ausgerufen:[90]

- 2019, Ausbreitung des Ebola-Virus in der Demokratischen Republik Kongo,
- 2016, Ausbreitung des Zika-Virus in Amerika,
- 2014, Ebola-Epidemie in Westafrika,
- 2014, internationale Verbreitung des wilden Poliovirus,
- 2009, Ausbreitung der Schweinegrippe („H1N1").

Doch es half nichts, das Virus breitete sich weiter aus, daher spricht die WHO seit dem 11. März von einer Pandemie. Dabei definiert die WHO sechs Stufen und sie gibt auch vor, unter welchen Voraussetzungen die höchste Stufe eintritt. Jeweils abhängig davon formuliert die Weltgesundheitsorganisation darauf abgestimmte Empfehlungen, wie sich die einzelnen Staaten zu verhalten haben.[91] Auf den ersten Blick scheint sich die WHO vorbildlich verhalten zu haben. Schließlich führte kein Weg daran vorbei, bei SARS-CoV-2 die höchste Pandemiestufe auszurufen. Doch ist das tatsächlich der Fall? Mitnichten.

Die Pandemiekriterien wurden geändert

Die letzte Pandemie wurde im Jahre 2009 ausgerufen, damals handelte es sich um die Schweinegrippe-Pandemie. Damit 2009

überhaupt eine Pandemie der höchsten Stufe ausgerufen werden konnte, änderte die WHO zuvor die Kriterien, und zwar
möglichst lautlos.

Die veränderte Definition für die Phase sechs, die im Mai
2009 herausgegeben wurde, besagt, dass zunächst die Bedingungen für Phase fünf erfüllt sein müssen. Zusätzlich muss das
Virus anhaltende Ausbrüche auf Landesebene in mindestens
einem Land einer anderen WHO-Region verursachen. Im Umkehrschluss bedeutet diese Definition nun, dass beispielsweise
bei jeglicher normalen Influenza, die jährlich beinahe überall
auf der Welt auftritt, eine Pandemie ausgerufen werden könnte,
wenn sich diese gleichzeitig in einer anderen WHO-Region ausbreitet. Ein Umstand, der nicht selten eintritt.

Doch was wurde im Vergleich zur Vorversion verändert? Es
wurden wichtige Zusatzkriterien gestrichen, etwa bezüglich von
„Auswirkung und Schweregrad einer Epidemie in Bezug auf die
Infektion und Mortalität".[92]

Das bedeutet, waren bis zu diesem Zeitpunkt der Schweregrad, die Zahl der Infektionen und die Sterberate wichtige Kriterien für die höchste Stufe einer Pandemie, die weitreichende
Folgen für die Bevölkerung eines Landes mit sich bringt, wurden diese Faktoren einfach so gestrichen.

So kann – überspitzt formuliert – ein Grippevirus, das lediglich ein leichtes Halskratzen verursacht, sich jedoch innerhalb
kurzer Zeit und über verschiedene WHO-Regionen hinweg verbreitet, zu einer Pandemie führen, die den einzelnen Staaten –
im Extremfall – weitreichende Kompetenzen einräumt. Etwa,
die Bewegungsfreiheit der Bevölkerung einzuschränken oder
deren Überwachung zu forcieren. Doch diese – neuen – Kriterien bringen wohl weniger den Regierungen Vorteile. Vielmehr
spielen wirtschaftliche Aspekte eine Schlüsselrolle. Schließlich
sorgt eine Pandemie im besten Fall für viele Milliarden Euro,

die neben Pharmaunternehmen auch Finanzunternehmen, wie beispielsweise Hedgefonds, gewaltige Summen in die Kassen spielen können.

Das *Robert Koch Institut* (RKI) griff im August 2010 den Vorwurf auf, dass die WHO hartnäckig leugnet, die Definition für die Pandemie der Stufe sechs verändert zu haben, und stellte sich ihr schützend an die Seite.[93] Gleich im ersten Absatz ist dort zu lesen: „Der Vorwurf, die Weltgesundheitsorganisation habe die Pandemiephasen geändert, damit sie die Pandemie ausrufen konnte, trifft nicht zu." Im nächsten Absatz steht dann: „Die Änderungen an der Phasendefinition waren vor Beginn der Pandemie abgeschlossen."

Es gab also keine Änderungen der WHO an den Pandemie-Definitionen und die Änderungen, die vor dem Ausbruch der Schweinegrippe-Pandemie vorgenommen wurden, waren keine Änderungen. So könnte man diese Aussagen interpretieren.

Das RKI beweist seine Feststellung mit dem Verweis auf einen Beitrag auf der Webseite der WHO aus dem Jahr 2009 mit dem Titel „WHO Guidance on Pandemic Influenza Preparedness and Response". Klickt man jedoch auf den entsprechenden Link, so gelangt man auf einen Beitrag vom Mai 2017.[94] Auch nach ausgiebiger Suche bleibt der ursprüngliche Beitrag unauffindbar. Handelt es sich vielleicht um einen Irrtum seitens des RKI und es gab diese Änderung aus dem Jahr 2009 überhaupt nicht? Wohl eher nicht, denn das *Arznei-Telegramm* berichtete im Juni 2010 ebenfalls über diese Änderungen und schrieb: „Im April 2009 hat die Weltgesundheitsorganisation die Definition der Pandemie abgeschwächt und die Passage, in der eine „beträchtliche Zahl von Toten" vorausgesetzt wird, weggelassen."[95]

Warum die Pandemie-Kriterien bei SARS-CoV-2 „helfen"

Erst durch die neuen Definitionen der Pandemie-Kriterien konnte die WHO nach Auftreten des neuartigen Coronavirus eine Pandemie ausrufen. Gemäß der „alten" Definition hätte zumindest der Faktor der Mortalität, also der Sterblichkeit, zu diesem Zeitpunkt in Verbindung mit dem Virus gefehlt. Nun handelte es sich um ein Virus, das hochansteckend ist, überwiegend grippeähnliche Symptome aufweist und sich rasend schnell weltweit verbreitet hatte. Und das genügt für eine Pandemie. Noch dazu für ein Virus, für das zur Zeit des Ausbruches kein Impfstoff existierte. Das bedeutet im Umkehrschluss, theoretisch benötigt die gesamte Weltbevölkerung diesen Impfschutz gegen das Coronavirus und das sind immerhin über sieben Milliarden Menschen. Ein Milliardengeschäft für das Pharmaunternehmen, das als Erstes ein passendes Impfserum auf den Markt bringt. Und für die Investoren im Hintergrund, die das nötige Geld für die dafür zugrundeliegende Forschung zur Verfügung stellen. Und natürlich für die Aktionäre, die Aktienanteile dieses Unternehmens halten und mit gewaltigen Kursanstiegen und vermutlich großzügigen Dividenden rechnen können.

Wie tödlich ist SARS-CoV-2 tatsächlich?

Wie bereits berichtet variiert nach Analysen der *Johns Hopkins University* die Letalitätsrate – das Verhältnis zwischen infizierten Personen und jenen, die daran verstorben sind – pro Land sehr stark. Die Fragen, die sich daher stellen, lauten: „Verstarb überhaupt jemand tatsächlich *an* COVID-19?" und „Warum schwanken diese Zahlen zwischen den Ländern so stark?"

Die zweite Frage lässt sich relativ leicht beantworten, denn die Dunkelziffer der tatsächlich infizierten Personen ist sehr hoch. Je mehr Tests zum Nachweis einer Infektion mit dem SARS-CoV-2-Virus durchgeführt werden, umso höhere Fallzahlen werden dadurch generiert. In der Tat zeigt sich eine geringere Letalitätsrate in jenen Ländern, die bislang viele Personen auf das Virus testeten, als in Staaten, die weniger Tests in Relation zur Einwohnerzahl durchführten.[96]

Die erste Frage ist tatsächlich etwas komplexer. In den Statistiken des RKI werden alle Todesfälle dem Coronavirus zugeordnet, die in Verbindung mit einer SARS-CoV-2-Infektion stehen. So wird etwa ein Verstorbener, der an einer Krebserkrankung im Endstadium litt und die letzten Tage seines Lebens auf einer Palliativstation verbrachte in der Statistik der Corona-Toten aufgeführt, falls bei ihm kurz zuvor eine Infektion mit SARS-CoV-2 festgestellt wurde. Sarkastisch überspitzt formuliert könnte man sagen, wenn jemand vom vierten Stock eines Wohnhauses stürzt, von einem LKW erfasst und kilometerweit mitgeschleift wird, schließlich am Straßenrand in einem entlegenen Waldgebiet liegen bleibt, um dort als Abendmahlzeit eines Wolfsrudels zu enden, wird er statistisch als Corona-Todesfall erfasst, sofern er vorher positiv auf das neuartige Coronavirus getestet wurde.

Der Unterschied, ob jemand *mit* oder *an* Corona stirbt, ist gewaltig. „Mit" bedeutet, jemand stirbt, es existiert eine Todesursache und diese Person wurde zuvor positiv auf SARS-CoV-2 getestet. „Er starb an den Folgen des Coronavirus", ist dann meist in derartigen Fällen zu lesen.

Wenn jemand direkt durch diese Virus-Erkrankung starb – also an COVID-19 –, führten die Folgen der Infektion direkt zum Tod. Um das jedoch festzustellen, müsste bei diesen Verstorbenen eine Obduktion durchgeführt werden. Doch davon rät das *Robert Koch Institut* ab, mit der Begründung, weitere Infektionen zu vermeiden.

Der Bundesverband deutscher Pathologen widersprach jedoch dem RKI bereits im April 2020 vehement und setzte sich für möglichst viele Obduktionen von Corona-Toten ein. Als Begründung gab der Verband an: „Gerade aktuell sollten Obduktionen bei diesen Verstorbenen nicht vermieden, sondern im Gegenteil so oft wie möglich durchgeführt werden, auch um den Zusammenhang mit anderen Grunderkrankungen der Verstorbenen zu erhellen."[97]

Geändert hat sich an der Situation einige Zeit lang nichts, die Empfehlung des RKI wurde noch über mehrere Wochen hinweg aufrecht gehalten und die Bundesregierung orientierte sich daran. Doch so lange keine Klarheit über die tatsächliche Auswirkung von COVID-19 auf die Sterblichkeit der Menschen besteht, bleibt deren Letalität letztlich nur eine Spekulation, mehr nicht. Das änderte sich jedoch zumindest teilweise, nachdem ein Hamburger Pathologe den Rat des RKI ignorierte und damit für einige interessante Erkenntnisse sorgte; darauf wird im weiteren Verlauf dieses Kapitels noch ausführlicher eingegangen.

Was ist an den vielen Todesfällen wirklich dran?

Pro Tag sterben in Deutschland etwa 2.600 Menschen. Also an Erkrankungen diverser Art, an Unfällen, durch Selbstmord, durch Gewaltverbrechen und vielen weiteren Ursachen. Das bedeutet, ungefähr eine Million Menschen sterben hierzulande pro Jahr und das ohne Berücksichtigung von COVID-19.

Auf der Webseite *euromomo.eu* (European monitoring of excess mortality for public health action) werden für viele europäische Länder die Sterberaten seit dem Jahr 2015 erfasst und grafisch dargestellt. Darin zeigt sich, dass die Sterberate in Deutschland seit Ausbruch des Coronavirus keine sichtbare Veränderung aufweist. Anders in Ländern wie Italien oder Spanien. Dort stieg die Sterblichkeit stärker an, verglichen mit 2019.[98] Doch es gibt einen zusätzlichen Faktor, den man nicht unterschätzen sollte. So schrieb eine Krankenhausärztin aus dem spanischen Malaga auf Twitter, dass die Menschen in der gegenwärtigen Situation eher an Panik und an Systemkollaps sterben, als am Coronavirus. Das Krankenhaus, in dem sie arbeitet, wurde von Personen mit Erkältung und Grippe, möglicherweise auch mit SARS-CoV-2-Infizierten überrannt, wodurch sämtliche internen Abläufe schlichtweg zusammenbrachen.[99]

Diese Meldung zeigt einen wichtigen Faktor: Die Menschen haben Angst vor dem Coronavirus, denn sie lesen und hören nur noch von Lungenerkrankungen, von Thrombosen, von Embolien, von toten Menschen, die scharenweise abtransportiert werden. Sie müssen zu Hause oder im Pflegeheim bleiben, dürfen keine persönlichen Kontakte pflegen, leben daher plötzlich nahezu in Isolation. Dieser Stress wirkt sich auf unser Immunsystem aus. Und er kann bei gesundheitlich vorbelasteten Menschen zu einer Verschlimmerung führen. So führt der Göttinger Angstforscher und Psychiater Borwin Bandelow an, Menschen seien bereits daran gestorben.[100]

Auch das Gesundheitssystem spielt eine große Rolle für die Sterblichkeit im Rahmen einer Virusepidemie. So sind beispielsweise in Italien während der Wintermonate etwa 90 Prozent der Intensivbetten ohnehin mit Patienten belegt.[101] Wenn dann noch eine Virusepidemie hinzukommt, ist eine Überforderung fast automatisch gegeben. Bei einem hochansteckenden Coronavirus, das die vorwiegend ältere Bevölkerung gesundheitlich besonders betrifft, bricht das System in Ländern mit einem ohnehin anfälligen Gesundheitssystem sehr schnell zusammen.

Das Durchschnittsalter der verstorbenen Menschen mit Corona-Infektion liegt in Deutschland bei 80 Jahren und korreliert direkt mit der durchschnittlichen Lebenserwartung, die bei rund 81 Jahren liegt. Diese Zahlen lassen sich so gut wie auf jedes andere europäische Land anwenden.[102] Kann es sein, dass die bislang auf SARS-CoV-2 positiv getesteten Menschen zu einem sehr hohen Prozentsatz ohnehin mehr oder minder zeitgleich verstorben wären und während der Corona-Krise bloß als statistischer Wert in den Fokus der breiten Öffentlichkeit gelangten?

Kann es sein, dass so gut wie niemand direkt *an* COVID-19 starb, sondern dass die meisten dieser Todesopfer an anderen Ursachen starben und lediglich das Coronavirus in sich trugen? Wenn dem so ist, wie lassen sich dann die steigenden Todeszahlen in manchen Ländern erklären, wie sie auf euromomo.eu erfasst wurden?

Ein Grund dafür könnte darin liegen, dass während der Corona-Pandemie weltweit viele Operationen einfach verschoben wurden. So fielen etwa alleine in Deutschland bis Juni 2020 ungefähr 50.000 Krebsoperationen und damit etwa ein Viertel aller ursprünglich geplanten Tumoreingriffe aus.[103] Doch es bleibt nicht bei dieser Art von medizinischen Maßnahmen, die verschoben oder sogar ausgesetzt wurden und auf die zu vielen zusätzlichen Todesfälle zurückzuführen sind. Im weiteren Verlauf dieses Buches wird auch auf andere, möglicherweise „tödlichen", Nebeneffekte der Corona-Pandemie näher eingegangen.

„Dieses Virus beeinflusst uns inzwischen in völlig überzogener Weise und es steht in keinem Verhältnis zu der Gefahr, die tatsächlich von dem Virus ausgeht. Die Todesursachen sind sehr unterschiedlich und anders als es uns die Statistiken suggerieren, gibt es „den" Coronatoten gar nicht", sagte der renommierte Rechtsmediziner Prof. Klaus Püschel in der TV-Sendung „Markus Lanz" vom 16. April 2020. Er war es, der sich nicht an die Empfehlung des RKI hielt und seitdem in Hamburg Verstorbene obduziert, die mit dem Coronavirus infiziert waren. Während der Entstehung zu diesem Buch führte er bei über 200 Verstorbenen mit SARS-CoV-2-Infektion Obduktionen durch, eine ansehnliche Zahl.

„Das Durchschnittsalter bewegt sich zwischen 75 und 80 Jahren und alle diese Menschen hatten ernsthafte Vorerkrankungen. Auch diejenigen, die in den Fünfzigern waren, nur die wussten nichts von ihren Vorerkrankungen und das ist nicht so ungewöhnlich. Wir haben viele Todesfälle von jüngeren Menschen, mit denen mancher nicht gerechnet hat", so der Gerichtsmediziner weiter. Auch sagte er im Rahmen seines TV-Auftritts, dass er bei den besonderen Fällen von sehr jungen Todesopfern, die unter die Corona-Statistik fallen, gerne den Obduktionsbefund sehen würde. Beispielsweise vom Fall einer zwölfjährigen Patientin aus Belgien und den einer sechszehnjährigen Verstorbenen aus Frankreich.

„Hier handelt es sich um Einzelfälle. Alle Experten sagen, Kinder haben kein besonderes Problem damit. Ich hätte gerne auch bei diesen Fällen nachgesehen, ob das nicht Jugendliche mit Vorerkrankungen waren, die es eventuell überhaupt nicht wussten", so der Gerichtsmediziner weiter, und: „Die Schlussfolgerung aus dem, was ich sage, lautet: Wir müssen keine Todesangst haben, die ist völlig fehl am Platz … Das Robert-Koch-Institut hat von Anfang an empfohlen, die Toten nicht zu untersuchen. Ich glaube, das war eine völlig falsche Maßnahme. Als Begründung vermute ich, dass damit von den Toten keine weitere Infektionsgefahr ausgeht. Ich hatte Herrn Wieler vom RKI gefragt, er hat es mir nicht beantwortet, aber ich denke, dass ist eine Furcht, die in der Bevölkerung vorhanden ist, vielleicht auch unter Virologen, dass durch den Umgang mit den Toten die Infektion verbreitet werden kann. Deswegen sollen auch weiterführende Maßnahmen, dass etwa die Toten geöffnet werden, vermieden werden. Ich halte es für einen falschen Zugangsweg, weil die Institute für Pathologie und für Rechtsmedizin mit entsprechenden Schutzmaßnahmen und Schranken ausgestattet sind. Wir haben in Hamburg eine besondere Situation. Wir haben eine Medizinalverwaltung und Behörden, die tatsächlich eine wissenschaftsfreundliche Einstellung verfolgen und diese sachdienliche Einstellung, dass die sagen, von den Toten wollen wir lernen für die Lebenden. Meines Wissens ist Hamburg das einzige Bundesland und die einzige größere Stadt, wo auch dementsprechend gehandelt wird. Meines Wissens hat man zum Beispiel im Bereich Heinsberg auf Veranlassung der Behörden und der Gesundheitsämter keinen einzigen Leichnam geöffnet.

Die Registrierung beim RKI erfolgt unter dem Aspekt, das ist ein Verstorbener, bei dem zuvor ein Virus nachgewiesen wurde. Es gibt also einen positiven Nachweis und dann stirbt diese Person. Diese Personen sterben ja an ganz unterschiedlichen Stellen. Die sterben ja nicht nur auf der Intensivstation. Das ist auch wichtig für die Frage, was müssen wir bereithalten? Unter diesen befinden sich zudem viele ältere Menschen, Kranke in Altenpflegeeinrichtungen, bei denen auch die Frage besteht, ob diese überhaupt auf die Intensivstationen gebracht werden. Also, das RKI kann uns sagen, das ist ein Verstorbener, der vorher getestet wurde und wurde zuvor positiv getestet. Wir führen die Obduktion durch und stellen beispielsweise fest, der Patient hatte einen Herzinfarkt und das hat überhaupt nichts mit dieser Infektion zu tun. Oder der Verstorbene hatte eine Hirnblutung, die nach alledem was wir wissen, nichts mit der Infektion zu tun hat. Zurzeit schreiben wir ja alles dieser Infektion zu, was irgendwie möglich ist. Das ruft bei der Bevölkerung einen völlig falschen Eindruck hervor. Diese meint, es ist eine tödliche Gefahr, wenn man diese Infektion hat, weil die Zahlen der Toten immer wieder präsentiert werden." Soweit der Rechtsmediziner in einem flammenden Plädoyer für mehr Besonnenheit.

Der Moderator Markus Lanz merkte an, dass „wir (Anmerkung: in Deutschland) unglaublich auf diese Zahlen fixiert sind." Darauf antwortete Prof. Püschel: „Ich bin davon überzeugt, am Ende dieses Jahres wird diese Krankheit statistisch – im Hinblick auf die Gesamtzahl der Toten – überhaupt keine Rolle spielen. Es sterben in diesem Jahr in Deutschland nicht mehr Menschen, als in den Jahren zuvor. Wir schreiben das jetzt einem Virus zu, obwohl die Risikogruppen vor allen Dingen Kranke mit einem geschwächten Immunsystem sind, darunter auch sehr viele alte Menschen. Das Durchschnittsalter der Toten liegt ja, je nachdem bei 75 bis 80 Jahren. Das sind also sehr viele Menschen, die sowieso von der Wahrscheinlichkeit her sterben würden. Das Durchschnittsalter ist ja, je nachdem, ob bei Mann oder Frau, in der Gegend von 75 bis Anfang 80 Jahre. Statistisch spielt es also keine Rolle."

Was wäre, wenn es eine ganz „normale" Grippewelle statt der Corona-Pandemie geben würde, vielleicht vergleichbar mit der verheerenden Influenza-Epidemie von 2017 und 2018, an der in Deutschland über 25.000 Erkrankte starben? Mit allein in 2018 rund 3,8 Millionen Influenza-Infizierten?[104] Damals wurde übrigens keine Pandemie ausgerufen, obwohl es – wie bereits geschrieben – nach den neuen Kriterien der WHO durchaus Anlass dazu gab. Hätte es dann auch diese Horrorstatistiken mit täglichen Todeszahlen gegeben? Vermutlich nicht, zumindest war es in den Jahren 2017/18 nicht der Fall. Wohlgemerkt, durch SARS-CoV-2 gab es in Deutschland bis zum Erscheinen dieses Buches rund 200.000 Infektionsfälle mit etwa 9.000 Todesfällen.

Die andere Alternative – der Weg Schwedens

Es mag den Anschein haben, dass mit der Verhängung der Pandemie gleichzeitig nur eine einzige Lösung existiert, um SARS-CoV-2 zu bekämpfen: Ausgangseinschränkungen, bis hin zu Ausgangssperren; landesweite Schließungen aller Unternehmen und Geschäfte, ausgenommen sogenannter „systemrelevanter" Betriebe, wie Supermärkte, Apotheken et cetera; Abstandsregelungen und das Tragen von Mund- und Nasenschutz.

Herbert Kickl, ehemaliger Innenminister und aktueller Klubobmann der *Freiheitlichen Partei Österreich* (FPÖ), brachte mit einer bewegenden Rede am 22. April 2020 im Nationalrat das auf den Punkt, was nicht nur in Österreich, sondern ebenso in Deutschland seit Beginn der Pandemie schiefläuft.

Zu Beginn lobte er die positive Entwicklung in Österreich im Rahmen der Anti-Corona-Maßnahmen, also rückläufige Infektionszahlen sowie rückläufige Raten der Todesfälle. Seine anschließenden Fragen, die er an die österreichische Bundesregierung richtete, fokussierten sich auf die ebenfalls positive Entwicklung in Schweden hinsichtlich der Corona-Krise. Denn anders als im restlichen Europa gab es dort keine strikten Maßnahmen. Die schwedische Regierung vermied es, einen landesweiten Lockdown auszurufen. In Schweden wurden keine Ausgangsbeschränkungen verhängt und es gab auch keine Versammlungsverbote in starkem Ausmaß.

Während in Österreich und Deutschland zeitweise nur noch zwei Personen zusammentreffen durften, galt in Schweden eine Beschränkung von 50 Personen. Auch blieben dort die Schulen und Kindergärten geöffnet, ebenso wie Restaurants und Fitnessstudios.

Herbert Kickel fragte nach diesen kurzen Ausführungen direkt den österreichischen Bundeskanzler Sebastian Kurz: „Was ist anschließend passiert (Anmerkung: in Schweden)? Gab es ein Massensterben innerhalb der Bevölkerung? Brach das gesamte Gesundheitssystem zusammen und wurde das Land ins Chaos gestürzt, weil das neuartige Coronavirus das öffentliche Leben zerstörte und das Land in eine einzige Leichenhalle verwandelte? Nicht von alledem geschah."

Damit hatte er recht, denn das Leben lief in diesem skandinavischen Staat unverändert weiter – ohne Wirtschaftskatastrophe, geschlossene Läden und Isolation – und trotzdem sank die Zahl der Neuinfektionen nach dem Höchststand vom 7. April 2020 mit 738 neu infizierten Personen immer weiter nach unten. Am 21. April waren es nur noch 194 Neuinfektionen. Bereits im Mai soll die Herdenimmunität eingesetzt haben. Das bedeutet, wenn genügend Menschen mit dem Virus infiziert werden, kann es sich nicht mehr weiter verbreiten und „verhungert" gewissermaßen. Dieser Fall tritt bei einer Immunitätsrate von zwei Drittel der Bevölkerung ein.

Wie sehen die Zahlen im Vergleich zu Deutschland aus? Die Zahl der infizierten und genesenen Personen betrug am 23. April 2020 in Deutschland 251.346,[105] in Schweden waren es bis zum gleichen Zeitpunkt 16.554 Infizierte.[106] In Relation zur Einwohnerzahl wurden damit in Deutschland nach offiziellen Statistiken 0,3 Prozent der Bevölkerung mit SARS-CoV-2 infiziert, in Schweden waren es 0,16 Prozent. Diese Zahlen sind ein Faktum, zumindest auf Basis der getesteten und somit offiziellen Infektionsfälle.

Die Todesfälle jener Menschen, die mit dem SARS-CoV-2-Virus infiziert waren, lagen in Deutschland zu diesem Zeitpunkt bei 5.094 Menschen und in Schweden bei 1.937. Damit liegt das skandinavische Land mit seinen rund 10,2 Millionen

Einwohnern im Verhältnis über dem Wert von Deutschland mit einer Bevölkerung von etwa 83 Millionen. Die Gründe für diese höhere Sterblichkeitsrate können vielfältig sein und reichen von unterschiedlichen medizinischen Standards über die Lebenserwartung – die in Schweden bei über 82 Jahren liegt – bis hin zu den Lebensumständen in beiden Ländern. So lebten beispielsweise die Hälfte der schwedischen Todesopfer in der Hauptstadt Stockholm mit knapp einer Million Einwohner. Stockholm ist die einzige Großstadt dieses Landes, gefolgt von Göteborg mit etwa 500.000 Einwohnern. Es zeigt sich somit, dass in Schweden mit 0,16 Prozent der Gesamtbevölkerung weit weniger Menschen infiziert wurden als in Deutschland mit 0,3 Prozent – und das, obwohl es keine zerstörerischen Einschränkungen gab.

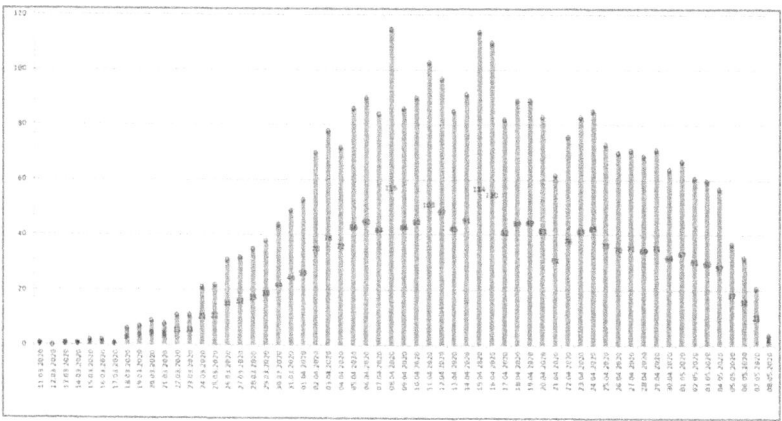

Abbildung 4.1: Todeszahlen nach Sterbetag in Schweden

Es gab in Schweden also etwa drei- bis viermal so viele Todesfälle mit Corona wie in Deutschland, das stimmt, doch Deutschland nimmt dabei gleichzeitig eine Sonderstellung in Europa ein. Vergleicht man nämlich Schweden mit anderen europäischen Ländern, dann relativiert sich die hohe Zahl der Todesopfer wieder. Gemessen an den Todesfällen pro 100.000 Einwohner ergibt sich folgender Vergleich (Stand: Ende April 2020):

- Schweden: 21,
- Deutschland: 7,
- Schweiz: 21,
- Niederlande: 25,
- Großbritannien (UK): 29,
- Frankreich: 34,
- Italien: 43,
- Spanien: 48,
- Belgien: 57.

Ein Faktor, der diesen weit geringeren Wert zumindest teilweise erklären könnte, sind die etwa drei Mal so vielen Intensivbetten, über die Deutschland im Vergleich zu allen anderen hier aufgeführten Ländern verfügt. Eine ausreichende intensivmedizinische Betreuung könnte also einer der Schlüsselfaktoren für eine geringe Letalität sein.

Ein häufiges Argument gegen den Weg, den Schweden in der Corona-Krise ging, lautet, dass in diesem Land viel mehr Menschenleben hätten gerettet werden können, wenn die schwedische Regierung verschärfte Maßnahmen verordnet hätte, beispielsweise wie in Deutschland. Dem steht jedoch die Überlegung gegenüber, wenn derart extreme Maßnahmen, wie Lockdown, Ausgangseinschränkungen bis hin zu Ausgangssperren, Atemschutzmasken und einiges mehr die Todesfälle signifikant reduzieren können, warum hat es dann in Ländern wie Italien, Spanien oder Belgien nicht funktioniert?

Eines ist klar: Es gibt eine Vielzahl an Gründen für die unterschiedlich hohen Anteile an Todesfällen in den einzelnen Ländern. Deswegen lässt sich auch nicht pauschal feststellen, dass die „harten" Maßnahmen zur Eindämmung des Coronavirus tatsächlich der Schlüssel zur erfolgreichen Bekämpfung waren, wie man am Gegenbeispiel Schweden erkennen kann.

In seiner Rede griff Herbert Kickl auch die Maßnahmen der österreichischen Bundesregierung – und dabei insbesondere Bundeskanzler Sebastian Kurz – an. Seine Vorwürfe und Fragen hätte er ebenso der deutschen Regierung stellen können, die fast exakt die gleichen Entscheidungen traf. Vor allem, da die Todeszahlen nach seinen Angaben in Schweden inzwischen wieder rückläufig sind. Wobei weder das schwedische Gesundheitssystem noch die Intensivmedizin unter den Horden von SARS-CoV-2-Infizierten zusammenbrachen und das alles ohne die vorab bereits beschriebenen strikten Einschränkungen für die Wirtschaft und die Bevölkerung.

So sagte Herbert Kickl: „Verfolgt man die Theorie weiter, nach der an einem Lockdown kein Weg vorbeiführt, um eine große Zahl an Todesopfern zu vermeiden, müsste es in Schweden bereits jetzt mindestens 100.000 Tote geben, doch das ist nicht der Fall. Gleichzeitig müsste es dort auch explosionsartige Entwicklungen der Fallzahlen geben, doch das alles ist nicht eingetreten."

„Schweden macht sehr vieles, um nicht zu sagen, alles anders als Sie", richtete sich der FPÖ-Klubobmann direkt an Bundeskanzler Kurz, „Sämtliche Horrorszenarien, wie eine Verknappung verfügbarer Särge und Eishallen als Aufbewahrungsstätten der unzähligen Toten, wenn es nicht zu Ausgangsbeschränkungen und zum Lockdown kommt, haben sich in Schweden nicht bewahrheitet."

Ex-Innenminister Kickl sagte in seiner leidenschaftlichen Rede außerdem: „Sie (Anmerk.: Bundeskanzler Kurz) haben die Bevölkerung in Angst und Schrecken versetzt. Wir wissen ja, dass es die Stoßtrupps der ÖVP in den Medien gewesen waren, die bei einzelnen Medien interveniert haben, dass ja möglichst viele Bilder von Särgen in der Berichterstattung gezeigt werden. Das heißt, Sie haben die Angst der Bevölkerung nicht nur in Kauf genommen, sondern Sie haben mit ihr kalkuliert. ... Sie haben eine Urangst der Menschen benutzt und diese besteht darin, dass keine Sorge größer ist als die der Gesundheit und als die um das eigene Leben und das gilt auch für die nahen Verwandten, für die Kinder, die Eltern, für die Freunde, für die Bekannten. ... Sie haben damit Ihre neue Normalität hergestellt, die darin besteht, dass jetzt Denunzianten auf der Suche nach Lebensgefährdern ihr Unwesen treiben in diesem Land. ... Unterstützt worden sind Sie bei alldem von einer Vielzahl von Medien, die Sie bei Ihren Off-Record-Privat-Zirkeln bearbeitet und gleichgeschaltet haben und die Sie gekauft haben mit einem Paket. Das Schlimmste ist, dass genau diese Käuflichkeit von dem einen oder anderen Medium dann verklärt wird zu einem angeblichen Ausdruck des Verantwortungsbewusstseins. Man lässt sich kaufen und sagt dann: „Wenn ich auf Kritik an der Bundesregierung verzichte, agiere ich besonders verantwortungsbewusst und stelle mich in den Dienst des nationalen Schulterschlusses." ... Diejenigen, die Sie kritisieren, werden in die Rolle der ungläubigen Ketzer gestellt, die nicht alle Tassen im Schrank haben und von den übelsten aller Motive angetrieben sein können. ... Auch das kann man als eine Beschreibung der neuen oder der anderen Normalität bewerten. ... Die Geschichte, dass Ihr Krisenmanagement die große Gesundheitskatastrophe verhindert hat, geht so nicht mehr auf. Die Erzählung von der Alternativlosigkeit ist entzaubert. Einfach deshalb, weil wir aus der Erfahrung sehen, dass es auch andere Wege gibt – siehe Schweden – und weil noch etwas dazukommt: Weil es einfach berechenbar ist, dass es einen Rückgang an der Zahl der Infizierten und der Todesfälle schon zu einem Zeitpunkt gegeben hat, wo die Maßnahmen noch nicht einmal gegriffen haben können. Es gibt aber auch messbare Ergebnisse, bei denen ein direkter Kausalzusammenhang besteht. Das sind 900.000 Menschen in Kurzarbeit in Österreich, die nicht wissen, was nach der Kurzarbeit kommt. Hunderttausende Arbeitslose, die nicht wissen, ob es danach in den Job zurückgeht und wenn ja, unter welchen Bedingungen. Abertausende Unternehmerinnen und Unternehmer, die Kleinen wie die Großen quer durch alle Branchen, denen Sie über Nacht die Existenzgrundlage entzogen haben und die Sie zu Bittstellern gemacht haben, ohne Rechtsanspruch auf vollständige Entschädigung. ... Das sind die Leuchttürme der neuen Normalität. Sie müssen jetzt bekennen, dass Ihr Kurs nicht alternativlos ist und Ihre Experten nicht im Besitz der alleinigen Wahrheit sind. Ihre Strategie ist nichts anderes als die Folge eines politischen Herdentriebs, der in China begonnen hat und sich über andere Länder fortgesetzt hat. Darauf sind Sie aufgesprungen. Es geht um Impfungen, um Obduktionen, es geht um empirische Fakten, die wir brauchen, um eine entsprechende Strategie auch argumentieren zu können. Aber das was Sie machen, mit Ihren Kurven, mit Ihren Zahlen und Tabellen, ist ein Vorgaukeln von einer faktenbasierten Vorgehensweise, wo es sich in Wahrheit um einen Blindflug handelt. Sie müssen aufhören, die Menschen direkt und indirekt zu verunsichern."[107] Das Video zu dieser Rede veröffentlichte Herbert Kickl am 22. April auf seiner Facebook-Seite und es wurde innerhalb von zwei Tagen über 1,1 Millionen Mal aufgerufen und über 16.000 Mal geteilt.[108]

Man möge zu diesen Ausführungen stehen, wie man möchte, doch sie zeigen auf, dass die Umsetzung der Pandemiebekämpfung in Ländern wie Deutschland oder Österreich beileibe nicht die einzige Alternative darstellt. Natürlich betraf die Rede von Herbert Kickl die Situation in der Alpenrepublik, doch gleichzeitig trifft vieles davon gleichermaßen auch auf Deutschland zu und die Rede hätte auch – zumindest in Teilen – im Deutschen Bundestag gehalten werden können.

Interessanterweise gelangte nur wenige Tage später – am 28. April 2020 – ein brisantes Protokoll an die Öffentlichkeit, das ein unangenehmes Bild auf die Krisenstrategie des österreichischen Bundeskanzlers warf. Demnach soll er intern dazu aufgerufen haben, bewusst Angst in der Bevölkerung vor den Folgen einer SARS-CoV-2-Infektion zu verbreiten. So steht in diesem Protokoll: „Kurz verdeutlicht, dass die Menschen vor einer Ansteckung Angst haben sollen bzw. Angst davor, dass Eltern/Großeltern sterben."

Das Bundeskanzleramt in Wien sprach von einem Missverständnis und erklärte gegenüber dem Radiosender Ö1, Bundeskanzler Kurz habe lediglich sein Verständnis darüber ausdrücken wollen, wenn Menschen Angst um ihre Angehörigen verspürten.[109]

Worte mit ähnlicher Deutlichkeit wie jene von Herbert Kickl gab es im Deutschen Bundestag keine. Zwar mahnte etwa Christian Lindner von der FDP im Rahmen der Regierungserklärung von Angela Merkel vom 23. April 2020 an, „das Bundesverfassungsgericht hat geurteilt, dass in der COVID-19-Pandemie das Versammlungsrecht nicht einfach pauschal eingeschränkt werden kann und das Landesgericht Hamburg hat die unsinnige 800-Quadratmeter-Regel verworfen. Das zeigt, unabhängige Justiz lässt sich durch die Regieanweisung der Politik nicht einschüchtern." Außerdem stellte er fest, „wenn soziale Belastungsfaktoren, wenn sich Menschen nicht mehr in der Freiheit austauschen und bewegen dürfen, ja und auch, wer Angst um die wirtschaftliche Existenz hat, nimmt Schaden an der Seele."[110]

Alexander Gauland von der AfD sagte im Anschluss an die
Regierungserklärung der Bundeskanzlerin, „nicht das Einsper-
ren der gesamten Bevölkerung ist die Lösung, sondern der
Schutz der Risikogruppen. ... Wenn am selben Tag Bayern ver-
kündet, das Oktoberfest ausfallen zu lassen, und Berlin ankün-
digt, das Demonstrationsverbot am 1. Mai zu lockern, entsteht
zu Recht der Eindruck in der Bevölkerung, dass die Exekutiven
nicht wissen, was sie tun. ... Eine Mehrwertsteuersenkung bei
einem Nullumsatz (Anmerkung: in der Gastronomie) ist überhaupt keine Lösung."

Insgesamt lässt sich in diesen Tagen feststellen, dass die Op-
position in Deutschland weitaus rücksichtsvoller mit ihren Regierungsparteien umging, als es in Österreich der Fall war, wo
man sehr klare Worte dafür fand, was ihrer Ansicht nach im
Krisenmanagement schiefgelaufen ist.

Ärzte für Aufklärung

Der Hamburger Arzt Dr. Heiko Schöning sagte im Mai 2020
in einem Interview mit *TV Deutschland* zur gegenwärtigen Situation im Rahmen der Corona-Pandemie, dass er diese für eine
Inszenierung halte, die wir in der Vergangenheit schon öfter
erleben durften.[111]
Schöning ist Psychoonkologe und gehört dem Bündnis *Ärzte
für Aufklärung* mit weit über 1.000 namentlich genannten Unterstützern an, das sich kritisch mit der Berichterstattung und
den Maßnahmen rund um das SARS-CoV-2-Virus und COVID-
19 auseinandersetzt.
Neben dem Vergleich mit der Schweinegrippe, die bekannter
Weise erst zur Pandemie ausgerufen werden konnte, nachdem
die WHO ihre eigenen Standards senkte, ging er auf einen neu-
en, interessanten Aspekt ein: 2001 kam es in den USA im Ver-

lauf von mehreren Wochen zu Anschlägen mit Anthrax. Dr. Schöning spricht in diesem Interview von einem kriminellen Vorgehen, bei dem Millionen Menschen geimpft und etwa eine Million US-Soldaten sogar zwangsgeimpft wurden, wobei er sich nicht dazu äußerte, wer sich damals konkret eines kriminellen Vergehens schuldig machte. Dennoch wird er in diesem Gespräch konkreter. Seiner Ansicht nach verdienten Personen mit entsprechendem Vorwissen sehr viel Geld.

Diese kriminelle Erklärung sieht Schöning auch im Falle von COVID-19 in Deutschland. Nach seiner Meinung ist aus medizinischer Sicht die Panikmache innerhalb der Bevölkerung nicht erklärbar und erst wenn man Verstorbene obduziert, bekommt man einen deutlichen Hinweis darauf, ob jemand tatsächlich am neuartigen Coronavirus verstorben ist. Das wurde jedoch vom Robert-Koch-Institut, das vom Staat abhängig ist, von Anfang an unterdrückt.

„Das ist absolut unwissenschaftlich und medizinisch überhaupt nicht begründbar. Zum Glück haben Ärzte dagegen protestiert und das RKI hat seine Position jetzt erst wieder zurückgenommen ... Das ist nicht nachvollziehbar (Anmerkung: die Unterdrückung von Obduktionen), weil die Kollegen, die Leichenschauen durchführen, geschützt sind, genauso wie vorher. Das gab es auch zu Zeiten von Tuberkulose ... Man muss daher ganz klar sagen, es gibt dafür keine medizinische Erklärung, sondern es gibt eine kriminelle Erklärung", sagt Dr. Heiko Schöning und führt weiter aus: „Kriminell ist es, wenn man sich ansieht, von wem Informationen kommen und wer hat zum Beispiel kriminelles Vorwissen."

Hier gibt er ein Beispiel zu Anthrax, um seine Behauptung zu verdeutlichen. Demnach verabreichte damals der Mediziner Dr. Richard Tubb am 11. September 2001 im Präsidentenflugzeug Air Force One dem zu dieser Zeit amtierenden US-Präsidenten George Bush und seiner Regierungsmannschaft vorbeugend das

Gegenmittel für Anthrax. Der Besondere daran ist, dass erst
drei Wochen später – am 4. Oktober – die ganze Welt wissen
konnte, dass es einen Anthrax-Anschlag gab. Dieses Mittel wird
auch nicht zur Prophylaxe verabreicht, weil nicht zu vernach-
lässigende Nebenwirkungen wie Halluzinationen, Verwirrtheit,
Durchfall und viele andere mehr auftreten können. Zumal eine
derartige vorbeugende Behandlung über 60 Tage und hochdo-
siert durchgeführt werden muss. Das bedeutet also, dass Dr.
Richard Tubb, Brigadegeneral der United States Air Force, ein
entsprechendes Vorwissen besaß.

Damals wurden mit Anthrax versetzte Briefe an demokratische Senatoren und an Medienanstalten verschickt, wobei fünf
Menschen an den Folgen der Milzbrand-Infektion verstarben.
Als alleiniger Täter galt der bei der US-Armee angestellte Wissenschaftler Bruce Edwards Ivins, der jedoch schon früh
Selbstmord verübte und daher nie befragt werden konnte. Gerüchte, wonach es sich dabei um einen vom US-Militär initiier-
ten Anschlag handelte, kursieren seitdem im Internet. All dies
bleibt Spekulation, doch Tatsache ist, dass erst durch diese An-
schläge zwei wichtige Entscheidungen der US-Regierung getroffen wurden: Erstens führten diese Milzbrand-Attacken neben
den Terroranschlägen am 11. September 2001 zum Erlass des
Antiterrorgesetzes *USA Patriot Act*, das den Vereinigten Staaten weitreichende Freiheiten im Kampf gegen den internationalen Terror ermöglichte. Zweitens half dieser Anschlag als Begründung für einen Angriff auf den Irak, der schließlich 2003
durchgeführt wurde. Der damalige Außenminister Colin Powell
äußerte in diesem Zuge den Verdacht, dass der irakische
Machthaber Saddam Hussein gewaltige Mengen an Athrax
produzierte, ein Vorwurf, der sich später als haltlos herausstell-
te.[112]

Dr. Schöning sagt in diesem Interview außerdem, dass Dr. Richard Tubb einige Jahre später eine Stelle im Vorstand eines Tabakkonzerns annahm und dieses Unternehmen kaufte später eine Biotechnologiefirma, die nun Impfstoffe gegen Corona entwickelt.

Soweit die Angaben von Dr. Heiko Schöning. Übrigens setzte der Pharmakonzern Bayer mit dem Verkauf des Gegenmittels gegen Antrax an die US-Regierung vermutlich mehrere hundert Millionen Dollar um, also auch kein schlechtes Geschäft für den Pharmariesen.[113]
Er sieht nun die Gefahr für eine neue Impfverordnung in Deutschland kommen, die letztlich eine Zwangsimpfung bedeutet. Ein vergleichbares Gesetz wurde bereits in Dänemark erlassen und dort können die Polizei, die Armee und sogar private Sicherheitsunternehmen diese Impfungen durchsetzen.[114]
Dr. Schöning bezeichnet derartige Beschlüsse als kriminelle Kampagnen, weil kein Anlass dazu bestehe, die Bevölkerung – aus bereits genannten Gründen – zu zwingen, sich gegen das neuartige Coronavirus beziehungsweise gegen COVID-19 impfen zu lassen.

Man möge die Schlussfolgerungen von Dr. Schöning sehen, wie man möchte. Es zeigt jedenfalls eine Entwicklung in einem anderen Fall – Anthrax – auf, der scheinbar für die Durchsetzung weitreichender politischer Entscheidungen genutzt wurde und vermittelt daher das Bild, dass manchmal mehr dahintersteckt, als es auf dem ersten Blick scheint. Ob das bei den Corona-Maßnahmen der Fall ist und ob sich hinter der Ausrufung der Pandemie eine andere – weitere – Agenda verbirgt, die weit über den Schutz der Menschheit vor einer Viruserkrankung hinausgeht, weiß niemand. Sollte es doch so sein, wird vermutlich nie etwas an die Öffentlichkeit gelangen.

Eines scheint jedoch klar zu sein: Viele der Maßnahmen zur Bekämpfung von SARS-CoV-2 scheinen nicht nur überzogen, sie richteten auch mehr Schaden unter der Bevölkerung an, als sie Nutzen erzeugten.

Kapitel 5 – Horrornachrichten aus anderen Ländern

Es steht außer Frage, dass in einigen Ländern während der Corona-Pandemie eine Übersterblichkeit stattfand. Im Falle Europas konnte man durch die Statistiken auf der Webseite euromomo.eu erkennen, dass vor allem von Ende April bis Anfang Mai 2020 ein kurzfristiger Anstieg zu verzeichnen war, der jedoch sehr schnell wieder abfiel und sich dann auf ein weitgehend normales Niveau einpendelte. So waren es in Spanien etwa zehnmal so viele Todesopfer, in den Niederlande und Frankreich viermal, in Schweden dreimal, in Belgien rund achtmal und in der Schweiz doppelt so viele Menschen, die als wöchentlicher Spitzenwert in dieser Zeit verstarben, verglichen mit 2019. In Italien lag der Höchstwert bei etwa 3,5 und lediglich Großbritannien stellte eine Ausnahme dar. Dort schoss der Höchstwert mit knapp der zehnfachen Sterblichkeitsrate in Woche 15 nach oben und flachte anschließend nur leicht ab, mit einer weiterhin hohen Mortalität. Alle anderen Länder in Europa, die in dieser Statistik erfasst werden, [115] darunter auch Deutschland und Österreich, verzeichneten keine nennenswerte Abweichung zur durchschnittlichen Sterblichkeit der letzten Jahre, wobei diese Statistik seit 2015 existiert.

Unzählige Todesopfer in vielen europäischen Ländern?

Diese Berichte erschütterten die Menschen in Europa: Eishallen in Spanien, die zu Leichenhallen umfunktioniert wurden. LKW-Kolonnen im italienischen Bergamo, die Verstorbene aus der Stadt transportierten, weil die Kapazitäten auf den Friedhöfen beziehungsweise bei den Bestattungsunternehmen nicht mehr ausreichten. In den Medien sah man unzählige Särge in Lagerräumen und Soldaten, die sich um den Abtransport kümmerten. Man bekam sehr schnell das Gefühl, die Erkrankung an COVID-19 kommt einem Todesurteil gleich, denn die Menschen würden daran wie die Fliegen sterben. Eine moderne Pest?

Doch warum waren es nur eine verhältnismäßig geringe Zahl an Ländern, die von dem gewaltigen Ausmaß an Todesopfern betroffen waren und eben nicht alle Staaten, die mit dem Virus zu kämpfen hatten?

Niemand sollte die Gefährlichkeit von SARS-CoV-2 beziehungsweise von COVID-19 kleinreden, vor allem für bestimmte Personengruppen, wie ältere Menschen und Personen mit Vorerkrankungen. Das steht außer Frage.

Doch wie kann es sein, dass etwa in Italien, Spanien und Großbritannien die Todeszahlen statistisch klar erkennbar nach oben stiegen, während in Staaten wie Deutschland, Portugal oder Griechenland so gut wie kein Anstieg feststellbar war? Wurde der Bevölkerung, den Menschen vor den TV-Bildschirmen, nur etwas vorgegaukelt? Hatten wir es mit Fake News zu tun? War sogar eine Verschwörung in Gange, wie es auf vielen Verschwörungsseiten im Internet zu lesen ist? Das ist sicherlich nicht der Fall und mit Verschwörung haben diese Berichte nicht viel gemein. Es ist vielmehr so, dass die tatsächliche Ursache irgendwo zwischen unserer Wahrnehmung und der Realität liegt. Man benötigt einen tieferen Einblick, um das zu erkennen.

Eine Vielzahl an Gründen

Die Ursachen für den unterschiedlichen Anstieg von Todesopfern in einem Zeitraum von wenigen Wochen müssen demnach vielfältiger sein. Eines scheint klar: Sie stehen im Zusammenhang mit den fortschreitenden Infektionsraten des neuartigen Coronavirus, denn in den Jahren zuvor gab es in fast allen der erfassten europäischen Ländern nur an zwei Stellen eine überproportional starke Erhöhung der Sterblichkeitsrate und das war jeweils Anfang 2017 und 2018. Damals gab es – wie bereits im vorigen Kapitel beschrieben – eine besonders schwere Influenza-Epidemie, die weltweit wütete und alleine in Deutschland fielen ihr 25.000 Menschen zum Opfer. So sollte man beachten, dass während der Wintermonate grundsätzlich mehr Menschen durch das Aufkommen von Influenza sterben als in den restlichen Monaten.

Doch auch das Gesundheitssystem selbst spielt in den einzelnen Ländern eine wichtige Rolle. Wenn ein hochansteckendes Virus innerhalb einer Bevölkerung Angst und Schrecken verbreitet, dann muss eine ausreichende Zahl an Krankenhausbetten, Personal und medizinischem Gerät zur Verfügung stehen, damit diese Menschen möglichst schnell versorgt werden. Da das SARS-CoV-2-Virus in erster Linie die Atemfunktion beeinträchtigt beziehungsweise die Atemwege angreift, sind Beatmungsgeräte sehr wichtig und diese befinden sich vor allem auf den Intensivstationen. Beispielsweise besitzt Italien im ganzen Land 5.200 solcher Intensivbetten, und das für 60 Millionen Menschen. [116] Zum Vergleich, in Deutschland sind es über 30.000. Darüber hinaus spielen weitere Faktoren eine Rolle, die es zu berücksichtigen gilt. Dazu gehören Vorerkrankungen, eine etwaige Überalterung, verschobene Krankenhausaufenthalte und natürlich die Angst vor einer Viruserkrankung.

Ein weiterer Faktor sind Krankenhauskeime, also multiresistente Keime, die zu tödlich verlaufenden Infektionen führen können. Insbesondere in Italien sterben jedes Jahr mehr Menschen daran als in jedem anderen Land Europas, wie eine Studie aus dem Jahr 2018 zeigt.[117]

Das Durchschnittsalter der coronainfizierten Verstorbenen in Italien liegt bei etwa 80 Jahren und wenn diese älteren Menschen in eine Klinik gebracht werden, sich dort noch zusätzlich mit multiresistenten Keimen infizieren, in Kombination mit einem völlig überlasteten Krankenhauspersonal, dann steigt das Risiko für einen tödlichen Verlauf stark an.

Auch die Form des Zusammenlebens kann zu einer stark erhöhten Infektionsrate beitragen. Speziell in Italien leben bevorzugt mehrere Generationen unter einem Dach. Dadurch wurden vermutlich zu Beginn der Corona-Krise ältere Menschen verstärkt mit dem Virus infiziert, wodurch die Infektionsrate bei dieser besonders gefährdeten Gruppe sprunghaft in die Höhe schnellte.

Und schließlich spielen auch die Testverfahren sowie die gemeldeten Fälle eine große Rolle bei der Wahrnehmung des Krankheitsverlaufes von COVID-19. In Italien testete man sehr früh nach Ausbruch der Virusepidemie sämtliche Todesfälle auf das neuartige Coronavirus.

Wie bereits in diesem Buch beschrieben, riet in Deutschland beispielsweise das RKI lange Zeit dringend von Obduktionen ab, bis endlich der Hamburger Gerichtsmediziner Prof. Dr. Püschel mit der konsequenten Leichenbeschau begann.

In Italien gingen die Meldungen über Todeszahlen stark nach oben, da jeder Tote der Corona-Statistik zugeordnet wurde, der dieses Virus in sich trug. Und zwar unabhängig davon, ob CO-VID-19 diesen Tod verursacht hatte, ihn beschleunigte oder überhaupt kein Einfluss darauf vorlag. Beispielsweise, wenn die Person durch einen Autounfall verstarb und gleichzeitig mit dem Virus infiziert war.

Auch in Deutschland wurden sämtliche Personen, die positiv getestet wurden und verstarben, der Statistik der Corona-Toten hinzugezählt. Dadurch ergibt sich ein gewaltiger Unterschied in den Ergebnissen, denn wenn wenige Tests durchgeführt werden, bleibt diese Zahl natürlich viel kleiner, als wenn jeder Verstorbene auf das Virus getestet wird.[118]

Kritische Stimmen werden laut

Die italienische Virologin und Mikrobiologin Prof. Dr. Marita Rita Gismondo ist Direktorin des *Department of Biomedical Clinical Sciences* in Mailand. Ende März 2020 richtete sie einen eindringlichen Appell an das italienische Gesundheitsamt: „Ich rufe Sie dazu auf, keine Zahlen über Sars-CoV-2-Infizierte und Tote zu veröffentlichen. Diese Daten sind aus wissenschaftlicher Sicht falsch."

Sie führte dabei aus, dass der Test unzuverlässig ist: „Wenn der Test bei Patienten negativ ausfällt, wird dieser oft zwei, dreimal wiederholt, bis er schließlich positiv ist." Sie stellte klar, dass nur eine epidemiologische Studie die tatsächliche Anzahl an positiven Corona-Fällen angeben kann. „Die jetzige Berechnung über Größe und Letalität der SARS-CoV-2-Pandemie ist „schmutzig". Mit diesen Daten wird den Bürgern ein falscher Eindruck vermittelt und das Verhalten der Bürger beeinflusst."[119]

Auch Prof. Dr. Walter Ricciardi, Direktor des *Departements für öffentliche Gesundheit* in Italien, sieht die italienischen Statistiken kritisch. In einer Pressemeldung erklärte er, dass lediglich 12 Prozent aller Corona-Todesfälle in Italien auf das Virus zurückgeführt werden können.

Das bedeutet gleichzeitig, dass 88 Prozent der gemeldeten Corona-Toten schlichtweg als Falschangaben zu bewerten sind. „Die hohen Todesraten des Landes beruhen auf einer alternden Bevölkerung, einem überlasteten Gesundheitssystem und der Art und Weise, wie Todesfälle gemeldet werden", gab er außerdem in dieser Pressemeldung zu bedenken. In den Statistiken würden nämlich ebenfalls alle Patienten, die im Krankenhaus mit dem Coronavirus sterben, als Todesfälle durch das Coronavirus gezählt.

Ricciardi erläutert zur Zahl der offiziellen Corona-Toten in Italien: „Eine Re-Evaluation des Nationalen Gesundheitsinstituts zeigte, dass nur 12 Prozent der Todeszertifikate einen direkten Zusammenhang zum Coronavirus zeigten, während 88 Prozent der (Anmerkung: offiziell an COVID-19) gestorbenen Patienten mindestens eine Vorerkrankung hatten."[120]

Am 24. April meldete sich auch der Politiker Vittorio Sgarbi, der von 1994 bis 2018 Mitglied der Abgeordnetenkammer in Italien und von 1999 bis 2001 Abgeordneter im Europäischen Parlament war, mit einer beeindruckenden Wutrede im italienischen Parlament zu Wort. In einer ausgesprochen emotionalen Ansprache sagte er, dass die Zahl von 25.000 Corona-Todesopfern in Italien falsch ist. Er bezichtigte die Politik der Lüge, um das Land zu terrorisieren und fügte hinzu: „Es ist eine Diktatur des Konsenses." Er gab an, nach Veröffentlichungen des italienischen Gesundheitsamtes starben 96 Prozent der offiziell an COVID-19-Verstorbenen an Herzinfarkt, Krebs und anderen Krankheiten. Er sagte, dass am 9. März die Wissenschaft das Virus als kaum mehr als eine Grippe einstufte und er warf den politisch Verantwortlichen vor, das neuartige Coronavirus – und damit verbunden die Todesopfer – für deren eigene Rhetorik zu nutzen. „Für ihren Terrorismus", wie es Sgarbi bezeichnete.[121] Die Abweichung zwischen den beiden Zahlen von

Sgarbi und Ricciardi liegt vermutlich im unterschiedlichen Erhebungszeitraum beziehungsweise in voneinander abweichenden vorliegenden Zahlenmaterialien. Insgesamt lässt sich jedoch feststellen, dass die überwiegende Mehrheit der so genannten Corona-Toten in Italien zumindest an einer Vorerkrankung litten, die für sich alleine bereits ein hohes Gesundheitsrisiko darstellte.

Die Situation in den USA

Nach Angaben des *Centers for Disease Control and Prevention* (CDC), einer Abteilung der US-amerikanischen Gesundheitsbehörde, beträgt die durchschnittliche Lebenserwartung in den Vereinigten Staaten von Amerika knapp 79 Jahre. Im Jahr 2018 starben insgesamt 2.839.205 Menschen, das entspricht umgerechnet knapp 7.800 Todesfällen pro Tag.[122]

Mitte Januar 2020 wurde in den USA die erste Infektion mit dem neuartigen Coronavirus offiziell nachgewiesen. Bis dahin – und auch noch einige Zeit danach – belächelte der US-amerikanische Präsident Donald Trump die weltweite Entwicklung von SARS-CoV-2. Er betrachtete es tendenziell als asiatisches und europäisches Problem, das die Vereinigten Staaten nicht betreffen würde. Mit Stand vom 20. Mai 2020 verzeichnete die *Johns Hopkins University* über 1,5 Millionen Infektionsfälle und mehr als 90.000 Tote, die zuvor positiv getestet wurden,[123] wobei sich das Epizentrum zunächst in New York befand. Damit gilt die USA als das Land mit den meisten Corona-Infektionen überhaupt.

Innerhalb kürzester Zeit berichteten zahlreiche Medien in Deutschland von der verheerenden Lage, vor allem in New York. Massenhaftes Sterben und vollkommen überlastete

Krankenhäuser zeichneten ein Bild des Schreckens auf die heimischen TV-Geräte. Die Menschen hierzulande konnten sehen,
wie in den USA mobile Lazarette aufgestellt wurden, um die
Scharen der Infizierten versorgen zu können. Es waren schreckliche Bilder, die vor allem im April 2020 über die TV-
Bildschirme in Deutschland flimmerten.

Am 7. April kam der Höhepunkt: Mehrere Tageszeitungen berichteten von Massengräbern, die man im New Yorker Central-
park aushob, weil die Stadt ihrer vielen Toten nicht mehr Herr
wurde.[124] Ein paar Tage später, am 12. April, kamen weitere
Berichte. Demnach wurden auf einer Insel vor New York, auf
Hart Island, Massengräber ausgehoben. Eine Drohnenaufnah-
me dokumentierte das Grauen, das über diese Stadt herein-
brach.[125] Bilder, die viele Menschen überall auf der Welt
schlichtweg erschütterten.

Und diese Aufnahmen schürten die Angst der Menschen vor
dem todbringenden Coronavirus noch weiter. So entstand vermutlich sehr schnell der Eindruck eines Landes, das als einer
der fortschrittlichsten Staaten der Welt gilt, mit seiner Techno-
logie-Hochburg Silicon Valley, mit seinen gigantischen Pharmakonzernen, mit seinen riesigen finanziellen Ressourcen nicht
mehr in der Lage ist, sich gegen SARS-CoV-2 zu wehren. Wenn
das der Fall ist, dann sind wir wohl alle verloren.

Ob die USA tatsächlich diesem Bild entspricht und ob es diese
Massengräber wirklich gibt, das hinterfragten an diesen Tagen
nur wenige Menschen. Sicherlich halfen die unzähligen Schreckensmeldungen, um zumindest in Deutschland das Bewusstsein für das lebensgefährliche Virus ein für alle Mal zu schär-
fen. Doch wie weit stimmen überhaupt die Berichte und Video-
aufnahmen von Massengräbern, die eilig ausgehoben wurden,
um die vielen Corona-Toten zu begraben?

Diese Frage ist durchaus berechtigt, denn im Wesentlichen sind die meisten davon falsch, wie bewiesen wurde. Tatsache ist, dass auf Hart Island bereits seit 150 Jahren Massengräber existieren, und zwar als letzte Ruhestätte für Obdachlose und Mittellose, deren Hinterbliebene sich kein Grab leisten können. Dort werden auch immer wieder neue derartige Grabstätten ausgehoben. Ob diese Massengräber auf Hart Island nun zusätzlich vermehrt für Corona-Tote verwendet wurden, bleibt unklar. Doch es zeigt sich, dass die Medien während dieser Hochphase der SARS-CoV-2-Pandemie ganz bewusst Meldungen dazu einsetzten, um die Bevölkerung noch weiter zu verunsichern.

Ein Foto wurde an diesen Tagen besonders häufig veröffentlicht: Es zeigt einige Männer, die Holzkisten in einer ausgehobenen Grube platzieren. Die Schlagzeilen dabei lauteten sinngemäß: „Häftlinge bestatten die Toten in Massengräbern im Central Park". In Wahrheit entstand dieses Foto bereits im Jahr 2010. Es entstammt einem Bericht über die einige Zeilen zuvor erwähnten Gräber auf Hart Island und diese Holzsärge wurden dort tatsächlich – zumindest teilweise – von Häftlingen verscharrt.[126] Das bedeutet selbstverständlich nicht, dass es in New York keinen signifikanten Anstieg an Corona-Toten gab. Es zeigt vielmehr, wie Medien arbeiten, um eine bestimmte Stimmung innerhalb der Bevölkerung zu verbreiten. Und es zeigt, wie leicht sich die Wahrheit manipulieren lässt.

Donald Trump verabschiedete in Windeseile ein gigantisches Hilfspaket in Höhe von 2,2 Billionen US-Dollar, um die amerikanische Wirtschaft zu stützen und die Menschen vor dem wirtschaftlichen Kollaps zu bewahren. Schließlich wurden auch in diesem gigantischen Land Ausgangsbeschränkungen und ein Lockdown verhängt, um die Verbreitung des SARS-CoV-2-Virus einzudämmen.

Eine Umfrage unter 7.000 Menschen in New York ergab Ende
März 2020, dass bereits über 50 Prozent ihren Arbeitsplatz verloren haben. Die Arbeitslosenrate befand sich in den USA im
Februar 2020 mit 3,5 Prozent auf ihrem niedrigsten Stand seit
50 Jahren und könnte durch die Corona-Krise auf 23 bis 32
Prozent ansteigen. So lautet zumindest die Einschätzung des
US-Finanzministers Steven Mnuchin und eine Studie der Zen-
tralbank kommt ebenfalls zu diesem Ergebnis. Ein zusätzliches
Problem ist das katastrophale US-amerikanische Gesundheitssystem, das lediglich eine freiwillige Krankenversicherung vor-
sieht, weshalb ein erheblicher Teil der Bevölkerung über keinen
Versicherungsschutz verfügt. Das bedeutet, jeder Arztbesuch
oder Krankenhausaufenthalt muss aus privater Tasche bezahlt
werden. Das jedoch können sich die meisten Menschen in diesem Land nicht leisten. Natürlich sind die Ärzte in den Kliniken verpflichtet, Notfälle auch ohne eine vorhandene Krankenversicherung zu behandeln, doch diese Behandlungen reduzieren sich lediglich auf das notwendige Minimum.[127] Etwa, um
lebensbedrohliche Verletzungen zu behandeln und nicht, um
beispielsweise eine aufwändige und gleichzeitig kostenintensive
Krebstherapie zu ermöglichen. Kurzum: Wenn in den USA jemand ernsthaft erkrankt und sich die dafür notwendige Behandlung nicht leisten kann, wird er mit großer Wahrscheinlichkeit daran sterben. Die hohen Infektionszahlen mit dem
SARS-CoV-2-Virus kamen daher für viele Menschen automatisch einem Todesurteil gleich, sofern sie über keine Krankenversicherung verfügten oder sich nicht die finanziellen Mittel
für einen Krankenhausaufenthalt leisten konnten.

Während US-Präsident Trump sehr schnelle und unbürokra-
tische Hilfen versprach, versuchte er sich zudem als medizinischer Berater. Zumindest lässt diese Ambition eine Pressekon-

ferenz Ende April vermuten. Darin schlug er nämlich vor, die Möglichkeit zu prüfen, ob durch die Verabreichung von Desinfektionsmittel oder die Gabe von sehr intensivem Licht das Coronavirus aufgehalten werden könnte. Dabei sagte er – übersetzt – Folgendes: „Man könnte dem Körper eine Menge Licht zuführen. Ultraviolettes oder einfach nur sehr starkes Licht. Sie sagten, das sei noch nicht überprüft worden, aber sie werden es testen. Man könnte das Licht entweder durch die Haut oder auf andere Weise ins Innere des Körpers bringen. Das klingt interessant. Ich sehe noch Desinfektionsmittel, es setzt das Virus nach einer Minute außer Gefecht. Können wir es durch eine Injektion ins Innere bringen und damit "reinigen"? Das Virus gelangt in die Lungen und richtet dort Schaden an. Es wäre interessant, das zu überprüfen, so dass Ärzte es einsetzen können. Wir werden sehen. Aber das ganze Konzept mit dem Licht, wie es hineingeht und eine Minute, das ist... ziemlich stark."[128] Dabei geht er vermutlich von der Annahme aus, Grippeviren verschwinden im Sommer, weil sie Hitze und Sonnenlicht nicht vertragen und dieser Effekt würde auch auf SARS-CoV-2 zutreffen. Eine These, die sich bislang nicht bestätigte.

Relativ gut erforscht ist hingegen die Wirkung von bestimmten Desinfektionsmitteln, die das Virus größtenteils zerstören. Der „winzige Gedankenfehler", den Trump dabei vermutlich übersah, liegt in der ebenfalls gut erforschten Tatsache, dass Desinfektionsmittel im Inneren eines menschlichen Körpers garantiert eine Menge Schaden anrichten. Dafür sorgen Verätzungen und die wirken sich normalerweise tödlich aus oder richten zumindest massive Schäden an. Würde man seiner wahnwitzigen Idee im wörtlichen Sinne folgen, könnte man tatsächlich von COVID-19 geheilt werden, jedoch stirbt man dann an der Gabe des vermeintlichen „Heilmittels".

Scheinbar bemerkte der umtriebige US-Präsident doch noch seinen Gedankenfehler – oder jemand zeigte ihm die Schwäche seiner These auf – und er machte einen Rückzieher, oder anders ausgedrückt: Er deklarierte alles als Sarkasmus, der von feindlichen Reportern ausging.[129]

Wie die flexible Ausgestaltung seiner Haltung in der Coronakrise zu interpretieren ist, bleibt jedoch unklar. Mal spricht er lediglich von einem Grippevirus, mal von weit über 100.000 Toten, die man durch diese Bedrohung erwarten müsse. Übrigens eine Zahl, die bereits im Juli 2020 weit überschritten wurde. Mal meint er, mehr Autorität als alle Gouverneure in sämtlichen Bundesstaaten zu besitzen, dann nimmt er jedoch allein diese in die Verantwortung und hält sich selbst wieder zurück. Mal empfiehlt er, sich an die Distanzregeln zu halten, dann wiederum lobt er die Gegner des Lockdowns.[130]

Es bleibt unklar, ob der US-Präsident die Lage wirklich unter Kontrolle hat oder ob er hilflos ist und deswegen zwar viele Berater um sich schart, jedoch auf diese nur eingeschränkt hören will.

Alles in allem bleibt es nicht vollends klar, wie schwer sich das neuartige Coronavirus in den USA tatsächlich auswirken wird. In den Vereinigten Staaten von Amerika leben knapp 334 Millionen Menschen, davon wurden – wie bereits berichtet – weit über 1,5 Millionen Menschen positiv an SARS-CoV-2 getestet.[131] Das entspricht einem Anteil von 0,44 Prozent. Zum Vergleich: In Deutschland beträgt dieser Anteil 0,41 Prozent (Stand: 19. Mai 2020). Die Zahl der statistisch erfassten Corona-Toten in den USA liegt im Juli 2020 bei über 130.000 und das entspricht wiederum einem Anteil von 0,038 Prozent an der Gesamtbevölkerung. Nimmt man auch hier Deutschland als Vergleichswert, dann gibt es einen deutlichen Unterschied, denn hierzulande sind es 0,01 Prozent der Bevölkerung. Zieht man jedoch Italien als Vergleich heran – mit einer der höchsten Zahl von Todesfällen in ganz Europa –, dann gab es dort eine Todesrate von 0,050 Prozent an der Gesamtbevölkerung (32.330 Todesfälle bei einer Bevölkerung von 60,36 Millionen Einwohner). So betrachtet liegt die in den Medien teilweise als hochdramatische Zahl an US-amerikanischen Corona-Toten durchaus im europäischen Rahmen. An dieser Stelle soll keine Gewichtung bezüglich der Anzahl an Todesopfern in den USA vorgenommen werden. Es zeigt lediglich, dass sich dieser Wert bei genauerer Betrachtung mit den Zahlen aus Europa durchaus vergleichen lässt. Bis zum 20. Mai starben in den USA im Jahr 2020 insgesamt 1,063 Millionen Menschen, und zwar an den unterschiedlichsten Todesursachen. [132] Vergleicht man diese Zahl mit der ohnehin täglichen Anzahl an Verstorbenen in diesem Land – also vor SARS-CoV-2 –, dann kommt man auf einen Wert von 7.483 Menschen, die im Jahre 2020 im Durchschnitt täglich verstarben. Und dass trotz Corona-Pandemie.

Nach diesen Zahlen besteht in den USA demnach sogar eine Untersterblichkeit, verglichen mit der statistisch erfassten Zahl an täglichen Todesfällen im Umfang von etwa 7.800 Toten, wie bereits in diesem Kapitel vorgestellt. Diese Zahlen lassen sich jederzeit selbst überprüfen und auch leicht nachrechnen.

Was bedeutet das? Kann es auch in den USA sein, dass sich sehr viele Menschen zwar mit dem SARS-CoV-2-Virus infizierten, jedoch die Zahl jener Personen, die unmittelbar an COVID-19 starben, weitaus geringer ist, als offiziell angegeben? Dass die Menschen in den USA – wie in vielen Ländern in Europa ebenfalls – tatsächlich an Schlaganfällen, Herzinfarkten und anderen Erkrankungen starben? Dass es zu Todesfällen kommt, weil Operationen ausgesetzt werden, weil notwendige Behandlungen nicht oder erst verspätet durchgeführt werden? Ein

Vorwurf, den Ärzte in verschiedenen Ländern Europas immer wieder machen.

Niemand sollte das neuartige Coronavirus auf die leichte Schulter nehmen, keine Frage. Doch selbst in den USA gibt es keinen wirklichen Hinweis darauf, dass der Ausruf einer Pandemie, mit anschließendem Lockdown beinahe der gesamten Wirtschaft, gerechtfertigt gewesen wäre. Die „nackten" Zahlen, die aktuell intensiv von den offiziellen Behörden in sämtlichen Ländern als Maß aller Dinge herangezogen werden, um vor den Auswirkungen von Corona zu warnen, zeigen zwar einen signifikanten Anstieg an Infektionen, jedoch keine große Zunahme an Todesfällen.

Demnach erleben wir, dass der Ausruf der Pandemie mehr Schaden verursacht als Nutzen erzeugt hat, da die Verhältnismäßigkeit fehlt. Die Verhältnismäßigkeit von einem wirtschaftlichen Schaden, der alle Märkte auf diesem Planeten in den Ruin zu treiben droht und das alles mit der Begründung, dass dieses Virus eingedämmt werden muss, um viele Millionen Menschen zu retten. Was sich jedoch nach einigen Monaten zeigt, ist kein wirklich signifikanter Anstieg der Sterblichkeit in den Ländern zu verzeichnen. Im Gegenteil, wir erkennen sogar in vielen Staaten eine Untersterblichkeit, also ein Rückgang der normalen Todesrate.

Stattdessen versterben viele Menschen, eben weil es diese Pandemie gibt. Sie sterben, weil sie krank sind und nicht mehr versorgt werden. Sie sterben, weil wichtige Operationen ausgesetzt werden und vieles mehr. Und das rechtfertigt diese Pandemie? Ganz sicher nicht.

Vermutlich wird in einer entfernten Zukunft in den Geschichtsbüchern über dieses Ereignis stehen, dass die WHO im Jahr 2020 einen fatalen Fehler beging, der unzählige Menschen in dieser Epoche ruinierte und massenhaft in den Tod trieb. Die Welt wird nach der Corona-Krise – wann auch immer sie vorüber sein möge – wieder von vorne beginnen müssen. Unser Leben, unser tägliches Miteinander, unser Wohlstand, all das wird über Jahrzehnte hinweg eingeschränkt, sogar teilweise zerstört werden. Und das alles wegen einer Erkrankung, wie sie beinahe jedes Jahr auftritt, mal mehr, mal weniger heftig? Das ist der einzige Grund? Diese Angst vor Millionen von Toten, die es niemals gab und weswegen wir jetzt alle leiden müssen?

Pakistan: Eine junge Ärztin stirbt an COVID-19

Die angesehene pakistanische Zeitung Dawn Today berichtete über den Fall von Dr. Sana Fatima, die bereits einen Tag nach Einweisung in ein Krankenhaus an COVID-19 verstarb. Dawn Today zählt in Pakistan zu den renommiertesten Tageszeitungen und ist für seine seriöse Berichterstattung bekannt. In diesem Artikel wird über die knapp dreißigjährige Ärztin berichtet, dass SARS-CoV-2 bei ihr diagnostiziert wurde und sich kurz darauf Symptome von COVID-19 zeigten. Sie suchte am 20. Mai 2020 eine Privatklinik in Lahore auf und starb bereits einen Tag später an den Folgen der Erkrankung.[133]

Soweit die Berichterstattung, die einen tragischen Fall eines jungen Menschen darlegt, der an den Folgen der Erkrankung durch das neuartige Coronavirus verstarb.

Obwohl fast nur Menschen ab etwa 75 Jahren zu den Risikopatienten bei COVID-19 zählen, kommt es doch vor, dass auch Todesfälle von jungen Personen auftreten. So in etwa lauten vermutlich die ersten Gedanken beim Lesen dieser Nachricht.

Jedoch selbst renommierten Tageszeitungen passieren hin und wieder Recherchefehler. Die Ärztin wurde in diesem Artikel als gesunde Frau beschrieben, die trotz ihrer starken Physis an den Folgen von COVID-19 starb. Kurz darauf gab es erste Reaktionen auf Twitter, die ein völlig anderes Bild vermittelten. So schrieb am 29. Mai ein Nutzer namens Dr. Mati, dass sich Dr. Sana Fatima einer Thorax-Operation unterzog und kurz darauf wurde bei ihr das neuartige Coronavirus festgestellt. Eine Nutzerin ergänzte, dass sie die Nachbarin von Dr. Sana Fatima sei und sie berichtete, dass die Ärztin zudem an Krebs erkrankt war. Nach diesen Informationen scheint es, als ob diese junge Frau bereits unter einer schweren Erkrankung litt und körperlich angeschlagen war, als sie sich mit SARS-CoV-2 infizierte.

Es bleibt an dieser Stelle offen, ob sie tatsächlich an den Folgen von COVID-19 verstarb oder ob ihr Körper inzwischen so geschwächt war, dass letztlich jegliche zusätzliche Virusinfektion für sie tödlich geendet hätte. Es handelt sich dabei um eine schreckliche menschliche Tragödie, das steht außer Frage. Doch es zeigt auch, wie in anderen Ländern – sogar von renommierten Zeitungen – Situationen einseitig beschrieben werden, um SARS-CoV-2 als lebensgefährliches Virus darzustellen, das selbst bei gesunden, jungen Menschen nicht Halt macht.

Selbstverständlich kann jeder Mensch an den Folgen von COVID-19 sterben, doch man muss bei derartigen Berichten in den Tagesmedien immer sehr genau recherchieren, ob und wie weit die Wahrheit verdreht oder wichtige Zusatzinformationen weggelassen wurden. Natürlich handelt es sich dabei um eine mühselige Kleinarbeit, der sich wohl die wenigsten Leser widmen werden. Gleichzeitig besteht nur dann eine Chance, eine sachliche Berichterstattung von verdrehten Wahrheiten oder sogar von Propaganda zu unterscheiden.

Kapitel 6 – Kontrolle des Staates über die Bevölkerung

Besonders scharfe Kritik an den Entscheidungen der deutschen Regierung im Rahmen der Corona-Maßnahmen betraf die verhängten Kontaktsperren, die bis hin zu Ausgangsbeschränkungen und teilweise sogar Ausgangssperren reichten. So, wie es etwa in Göttingen in einigen Wohnblocks im Juni 2020 geschah. Nach einer erhöhten Zahl an Neuinfektionen wurde dort ein ganzer Wohnkomplex mit rund 300 Bewohnern kurzerhand unter Quarantäne gestellt. Das führte sogar zu Angriffen gegen die dort anwesenden Polizisten, die diese Maßnahme überwachten.[134]

Zwar wurde die Beschneidung von Bürgerrechten – wie sie angesichts der Pandemie stattfanden – von vielen Menschen als unzumutbar wahrgenommen, doch wie weit waren diese Maßnahmen wirklich rechtens? Anders gefragt: Darf ein demokratischer Staat über Dinge wie Ausgangsbeschränkungen, Ausgangssperren, Versammlungsverbot, Überwachung der Handyortung im großen Stil, um Bewegungsprofile zu erhalten, tatsächlich entscheiden? Ist das wirklich erlaubt?

Im Grundgesetz geregelt

Grundsätzlich betrachtet lautet die Antwort: Ja. In Artikel 11 des Grundgesetztes wird zwar die Freizügigkeit garantiert, jedoch besagt Absatz 2 im gleichen Artikel, dass diese Freizügigkeit sehr wohl unter bestimmten Voraussetzungen eingeschränkt werden darf. Etwa, wenn eine Seuchengefahr droht.

Wörtlich heißt es im Grundgesetz Artikel 11:
(1) Alle Deutschen genießen Freizügigkeit im ganzen Bundesgebiet.
(2) Dieses Recht darf nur durch Gesetz oder auf Grund eines Gesetzes und nur für die Fälle eingeschränkt werden, in denen eine ausreichende Lebensgrundlage nicht vorhanden ist und der Allgemeinheit daraus besondere Lasten entstehen würden oder in denen es zur Abwehr einer drohenden Gefahr für den Bestand oder die freiheitliche demokratische Grundordnung des Bundes oder eines Landes, zur Bekämpfung von Seuchengefahr, Naturkatastrophen oder besonders schweren Unglücksfällen, zum Schutze der Jugend vor Verwahrlosung oder um strafbaren Handlungen vorzubeugen, erforderlich ist.

So betrachtet gibt es keinen Grund, bei den staatlichen Anordnungen zur Bekämpfung der Ausbreitung des neuartigen Coronavirus an der Rechtsstaatlichkeit zu zweifeln. Doch ist es tatsächlich so? Besteht hier eine grundsätzliche Einigkeit über die Richtigkeit des staatlichen Vorgehens? Nein, denn aus juristischer Sicht dürfte die Lage doch nicht so eindeutig sein, wie es auf den ersten Blick scheint.

Der Fall Beate Bahner

Die Heidelberger Fachanwältin für Medizinrecht, Beate Bahner, erfuhr im April 2020 deutschlandweite Aufmerksamkeit, nachdem sie verkündete, gegen die Bundes- und die baden-württembergische Landesregierung vor Gericht gehen zu wollen. Sie hielt nämlich die beschlossenen Maßnahmen zur Eindämmung der Ausbreitung von SARS-CoV-2 für „eklatant rechtswidrig", und begann gleichzeitig medienwirksam dagegen Stimmung zu verbreiten.

In einer Mitteilung ihrer Fachkanzlei heißt es: „Die Maßnahmen verletzen in bisher nie gekanntem Ausmaß eine Vielzahl von Grundrechten der Bürgerinnen und Bürger in Deutschland." Außerdem waren nach Bahners Meinung diese Maßnahmen durch das erst kurz zuvor überarbeitete Infektionsschutzgesetz nicht abgedeckt. Sie gab an, dass nach den bis zu diesem Zeitpunkt vorliegenden Zahlen und Statistiken eine Infektion mit dem Virus bei über 95 Prozent der Bevölkerung in Deutschland harmlos verlaufe und es daher „keine schwerwiegende Gefahr für die Allgemeinheit" gäbe. Aus diesem Grund seien die „radikalen Maßnahmen der Ausgangs- und Kontaktverbote für 83 Millionen Menschen und die Lahmlegung nahezu der gesamten Wirtschaft" für Beate Bahner nicht nachvollziehbar und sie forderte, „dieser Shutdown muss sofort beendet werden!" Außerdem kündigte sie an, mit ihrer Forderung notfalls bis zum Bundesverfassungsgericht zu gehen.[135]

Diese Ankündigung setzte sie dann recht zügig um und stellte einen Eilantrag auf Aufhebung der Maßnahmen in allen Bundesländern. Dieser wurde jedoch am 10. April 2020 als unzulässig abgelehnt, da der Instanzenweg nicht eingehalten wurde. Das bedeutet, es ist nicht möglich, einen derartigen Antrag beim Bundesverfassungsgericht einzureichen, ohne zuvor alle anderen Rechtsmittel, wie Klagen bei unteren Gerichten, etwa bei einem Landgericht, auszuschöpfen. Ein Ablauf, der einer Juristin grundsätzlich bekannt sein sollte.

Nach Information des Bundespolizeipräsidiums Mannheim soll sie ungefähr zur gleichen Zeit auf ihrer Homepage öffentlich gegen die staatlich erlassenen Corona-Verordnungen und zu bundesweiten Demonstrationen aufgerufen haben. Außerdem erklärte sie den Lockdown und die Ausgangsbeschränkungen für beendet.[136]

Kurz darauf, am Ostersonntag, wurde Beate Bahner schließlich von der Polizei aufgegriffen, nachdem Zeugen diese alarmiert hatten. Die Juristin wirkte demnach verwirrt, sprach Passanten sowie Autofahrer an, weil sie sich verfolgt fühlte. Sie wurde in eine psychiatrische Klinik gebracht. Sehr schnell verbreitete sich in den sozialen Netzwerken der Verdacht, die Anwältin werde deshalb „weggesperrt", weil man sie mundtot machen wollte. Befeuert wurde dieses Gerücht auch deswegen, weil kurz davor – am 10. April – das Bundesland Sachsen bekanntgab, Quarantäneverweigerer mit polizeilicher Hilfe in einer Psychiatrie unterzubringen.[137]

Doch in einer gemeinsamen Erklärung der Staatsanwaltschaft Heidelberg und des Polizeipräsidiums Mannheim wurde diese Unterstellung zurückgewiesen und erklärt, „dass im Rahmen des gegen die Beschuldigte geführten strafrechtlichen Ermittlungsverfahrens weder die Unterbringung der Beschuldigten in einer psychiatrischen Klinik noch eine sonstige strafprozessuale Zwangsmaßnahme veranlasst wurde." Beate Bahner vertritt selbstverständlich eine andere Sicht auf diese Dinge und gab in einem Interview im Juli 2020 an, dass sie Schutz suchte, weil sie sich verfolgt fühlte und deshalb umstehende Personen darum bat, die Polizei zu rufen. Nach ihren Angaben wurden ihr plötzlich Handschellen angelegt, man brachte sie in die Psychiatrie und sie hatte den Eindruck, plötzlich als Täterin betrachtet zu werden, obwohl sie lediglich um Hilfe bat. Sie selbst sagte in diesem Interview, dass die Verhaftung – nach ihrer persönlichen Meinung – sehr wohl im Zusammenhang mit ihrem Aufruf zu Demonstrationen gegen die Corona-Maßnahmen steht, auch wenn dies von der Polizei beziehungsweise der Staatsanwaltschaft dementiert wurde.[138]

Übrigens ist Beate Bahner nicht die einzige, die Eilanträge gegen die Maßnahmen der Bundesregierung im Rahmen der

Corona-Krise stellte. Nach einer Darstellung auf der Internetpräsenz des Anwaltsnetzwerkes *ETL-Rechtsanwälte* waren bis
zum 8. Mai 2020 über 1.000 Eilanträge beim deutschen Verfas-
sungsgericht und bei Verwaltungsgerichten eingegangen und es
wurden bislang zahlreiche gerichtliche Entscheidungen im Zusammenhang mit dem neuartigen Coronavirus veröffentlicht.[139]

Worin besteht dabei der Unterschied zum Fall Bahner? Warum gelangte ihre Geschichte in den Medien so schnell an die
Öffentlichkeit? Vermutlich, weil sie entsprechend hoch pokerte,
um bundesweite Bekanntheit zu erlangen. Ob sie tatsächlich
hinter ihren Aufrufen zu Demonstrationen und zum Widerstand
gegen die Maßnahmen stand oder ob sie alles vordergründig zu
PR-Zwecken durchführte, bleibt – bei außenstehender Betrachtung – offen. Als Juristin hätte sie jedenfalls wissen müssen,
dass ihrem Eilantrag vor dem Bundesverfassungsgericht niemals zugestimmt worden wäre. Sie hätte außerdem wissen
müssen, dass sie zu diesem Zeitpunkt im April mit ihren Aufrufen einen Strafbestand erfüllte, der beinahe zwangsläufig entsprechend sanktioniert wird. Wäre sie eine Privatperson, dann
könnte man unwissendes Verhalten vermuten, aber Beate Bahner ist ausgebildete Anwältin, die diese grundlegenden Gesetze
kennen sollte. Sie ging also nicht so vor, wie man es von einem
Anwalt annehmen würde und sie übertrieb mit ihren Vorwürfen
maßlos. Trotzdem hatte sie im Kern recht: Die Vorgehensweise
der Bundesregierung im Rahmen der Corona-Krise muss juris-
tisch auf Richtigkeit geprüft werden.

Jessica Hamed

Auch Jessica Hamed ging dieser Frage nach. Die Fachanwal-
tin für Strafrecht beschäftigt sich berufsbedingt mit Fragen des
Verfassungsrechtes und gewann bislang zwei Verfassungsbe-

schwerden beim Bundesverfassungsgericht, die sich gegen Corona-Maßnahmen richteten. In einem schriftlich geführten Interview mit *Focus-Online* äußerte sie sich zur Rechtmäßigkeit der Maßnahmen zum Schutz vor der Corona-Pandemie dahingehend, dass diese Maßnahmen größtenteils verfassungswidrig waren und sind.[140] Vor allem gibt es nach ihrer Meinung für das unterschiedslose Vorgehen gegen die gesamte Bevölkerung keine ausreichende Rechtsgrundlage. Demnach gestattet zwar das Infektionsschutzgesetz in spezifischen Fällen Quarantäneanordnungen, doch es existieren keine Regelungen für eine allgemein geltende Kontaktsperre oder eine Ausgangsbeschränkung. Das gilt auch für die Schließung von Unternehmen und Einrichtungen sowie für Veranstaltungs- und Versammlungsverbote. Sie sagte in diesem Interview, dass man derartige Maßnahmen nur von autoritären Staaten kennt und diese fänden im deutschen Grundgesetz keine Rechtfertigung.

Ihrer Ansicht nach mag zu Beginn der Coronakrise eine „Überreaktion" seitens der Regierungen in den einzelnen Bundesländern nachvollziehbar gewesen sein, doch hätte frühzeitig eine wissenschaftliche Evidenz stattfinden müssen. Beispielsweise von Anfang an eine Empfehlung für eine Obduktion von Corona-Toten, die bekannterweise nicht stattfand.

Gleichzeitig sieht Jessica Hamed zahlreiche Grundrechte aller Bürgerinnen und Bürger in Deutschland verletzt. Ein Rechtsstaat muss auch in Krisenzeiten funktionieren und es bereitet ihr Sorge, dass vor allem zu Beginn der Krise kaum Raum für öffentliche Diskussionen und Bedenken zu den Maßnahmen vorhanden war.

So beanstandet sie beispielsweise die „Maskenpflicht". „Wir haben bereits in unseren Anträgen dargelegt, dass von den Mund-Nasen-Bedeckungen, ausgenommen sind medizinische

Atemschutzmasken, kein Schutz ausgeht und darüber hinaus hiervon sogar Gefahren, beispielsweise durch die falsche Anwendung, ausgehen. Das im Alltag zu beobachtende, ständige Hoch- und Runterziehen der Maske führt dazu, dass es zu einem erhöhten Infektionsrisiko kommt. Der Weltärztepräsident Montgomery hat diese Regelung völlig zu Recht als „lächerlich" bezeichnet. Es handelt sich unseres Erachtens um eine symbolpolitische Maßnahme, fernab jeglicher wissenschaftlicher Evidenz, die jedoch tief in die Persönlichkeitsrechte der Menschen eingreift", so die Juristin.

Auf die Frage von *Focus Online* zu ihren Forderungen sagte Hamed: „Ich bin zwar Juristin und bewerte die Maßnahmen vom Standpunkt der Rechtswissenschaft aus. Aber wir haben in unseren Anträgen beispielsweise auf die Ergebnisse des Virologen Streeck hingewiesen, auf die Vorgehensweise in Schweden und ärztliche Stellungnahmen zu den Auswirkungen des Virus auf Kinder vorgelegt. Damit haben wir alternative Sichtweisen aufgezeigt, mit denen sich allerdings letztlich nicht auseinandergesetzt wurde. Im Übrigen müssen auch nicht die Menschen ihr Recht auf ein freies Leben rechtfertigen, sondern der Staat muss seine Grundrechtseingriffe begründen, worauf auch jüngst Wolfgang Kubicki (Anmerkung: Volkswirt, Rechtsanwalt und stellvertretender Bundesvorsitzender der FDP) sinngemäß hinwies. In den letzten Wochen hatte ich allerdings den Eindruck, dass diese Wertung in Vergessenheit geraten ist. Faktisch erleben wir eine Art Beweislastumkehr."

Bereits Anfang April vermutete der *Stern* in einem Artikel, dass die Verschärfung des Infektionsschutzgesetzes sogar grundsätzlich verfassungswidrig sein könnte.[141]
Es sieht also vieles danach aus, dass die von der Bundesregierung beschlossenen und über die Ministerpräsidenten der ein-

zelnen Bundesländer veranlassten Corona-Maßnahmen alles andere als eindeutig rechtskonform sind, weshalb im Nachgang noch mit einer Klagewelle zu rechnen ist. Sollte etwa ein Präzedenzfall geschaffen werden, der den wirtschaftlichen Lockdown als nicht statthaft einstuft, dann dürften viele Unternehmen, Betriebe und Selbstständige die notwendige rechtliche Grundlage besitzen, den Staat auf finanziellen Ausgleich zu verklagen. Auch Sammelklagen könnten hierbei die Folge sein. Schließlich erlebt Deutschland durch diese Maßnahmen vermutlich eine Insolvenzwelle historischen Ausmaßes. So rechnet etwa der Deutsche Hotel- und Gaststättenverband (Dehoga) damit, dass jedem dritten Gastro-Betrieb die Pleite droht.[142] Der Branchenverband der deutschen Reisewirtschaft (DRV) geht von Umsatzeinbußen in der unvorstellbaren Höhe von knapp 11 Milliarden Euro aus. Etwa 60 Prozent der Unternehmen aus der Tourismusbranche droht die Insolvenz.[143]

Falls also diese Maßnahmen überzogen waren, dann könnten auf den deutschen Staat noch schwierige – und vor allem kostspielige – Zeiten zukommen.

Hans-Jürgen Papier

Bis 2010 war Hans-Jürgen Papier Präsident des Verfassungsgerichtes und gilt somit als ausgewiesener Experte im Bereich des Verfassungsrechts. Auch er kritisierte die Verhältnismäßigkeit von Grundrechtseingriffen. Insbesondere dessen unterschiedliche Wertung von Bundesland zu Bundesland betrachtet er als problematisch.

So lautet eine Aussage von ihm im *Tagesspiegel*: „Ich stelle mit Bedauern fest, wie wenig der Gedanke der parlamentarischen Demokratie derzeit überhaupt eine Rolle spielt."

Außerdem kritisiert er den Vorschlag der Bundesregierung, Risikogruppen von Lockerungen auszunehmen und sagte dazu:

„Gebote oder Verbote allein auf bestimmte Altersgruppen oder auf Menschen mit Vorerkrankungen und Behinderungen zu beziehen, wäre außerdem eine ungerechtfertigte Diskriminierung."[144]

In einem Streitgespräch mit Bundesjustizministerin Christine Lambrecht, das im *SPIEGEL* veröffentlicht wurde, sagte er dazu: „Wir müssen uns darüber im Klaren sein, dass Sinn und Zweck eines Verfassungsstaates in erster Linie der Schutz der Freiheit ist."[145] Gesundheitsschutz rechtfertigt demnach nicht jedweden Freiheitseingriff.

In einem Interview mit der *Süddeutsche Zeitung* prangerte er sogar die Tendenzen hin zu einem Überwachungsstaat an. Dazu merkte er an, dass selbst in Kriegszeiten die Grundrechte nicht angetastet werden dürfen und befürchtet, dass unsere Freiheit in Gefahr ist, wenn die Einschränkungen der Grundrechte über längere Zeit hinweg bestehen bleiben. Für ihn gibt es immer mehr Anzeichen für eine verstärkte Überwachung der Bürger, die von der Bundesregierung gefördert wird. So vertritt er die Meinung, dass eine totale Überwachung nicht für Sicherheit sorgt, jedoch die Lebensführung unbescholtener Bürger beeinflussen könnte.[146]

Es zeigt sich also, dass selbst hochrangige Verfassungsexperten die Maßnahmen der Bundesregierung im Rahmen der Corona-Pandemie als höchst kritisch einstufen und teilweise sogar von falschen Entscheidungen sprechen. Das sollte allen zu denken geben, denn im Zweifel wurde nicht für das Wohl des Volkes entschieden, sondern dagegen – selbst, wenn alle möglichen Risiken und Gefahren gegeneinander abgewogen wurden.

Bußgeld wegen Parkbanksitzen

Manche Sanktionen der Exekutive gegenüber der Bevölkerung zur Durchsetzung der Corona-Maßnahmen erschienen teilweise regelrecht absurd.

Ein gutes Beispiel dafür ist ein Video, das in den sozialen Medien einige Aufmerksamkeit erzielte. Darin wird eine Auseinandersetzung mit einem älteren Ehepaar und der Polizei dokumentiert; die Aufnahme stammt vom 14. April 2020 in Saarbrücken. Das Ehepaar wurde von der Polizei angesprochen, weil es auf einer Parkbank in einem öffentlichen Park saß. Der Mann sagte, dass er sich auf der Bank ausruhte, weil er älter sei und er stehe anschließend auch wieder auf. Daraufhin verlangte ein Polizeibeamter den Ausweis der beiden Personen. Die Ehefrau filmte diese Szene, woraufhin eine Polizistin plötzlich an ihr Smartphone fasste und die Videoaufnahme stoppte. Danach ging die Aufnahme wieder weiter und die Frau erklärte, sie filme keine Gesichter, sondern sie möchte diese Situation dokumentieren.

Außerdem sagte sie, dass am Eingang zum Park auf einem Plakat steht, dass das Verweilen auf der Parkbank für einen kurzen Moment möglich ist und nicht, dass ein Sitzen komplett untersagt sei. Der Beamte gab an, dass es lediglich erlaubt sei, sich kurz hinzusetzen. Daraufhin entgegnete das Paar, dass sie genau das taten, denn sie saßen etwa zwei, maximal drei Minuten auf der Parkbank.

Schließlich bekam das Ehepaar eine Anzeige. Der Polizeibeamte gab als Begründung an, dass nach der Corona-Pandemie-Verordnung, Paragraph 2, kein Aufenthalt im Freien ohne triftigen Grund erlaubt sei. Es war also plötzlich nicht mehr von einem unerlaubten Verweilen auf der Parkbank die Rede, sondern von einem unerlaubten Aufenthalt im Freien. Innerhalb weniger Sekunden veränderte sich demnach die Ordnungswidrigkeit, die dieses Ehepaar scheinbar begangen hat. Die Frau erwiderte zwar, dass gemäß der Corona-Verordnung Bewegung an der frischen Luft ein triftiger Grund ist, doch das alles nützte nichts, denn die beiden Polizeibeamten gingen zu ihrem Fahrzeug und fuhren weg, mit einer frischen Anzeige in der Tasche.[147]

Im Amtsblatt des Saarlandes vom 31. März 2020 – das zu diesem Zeitpunkt noch gültig war – steht unter Paragraph 2 jedoch eine andere Rechtsordnung.[148] Unter der „Verordnung zur Bekämpfung der Corona-Pandemie" vom 30. März steht in Absatz 3: „Das Verlassen der eigenen Wohnung ist nach Maßgabe des Absatzes 1 und nur bei Vorliegen triftiger Gründe erlaubt. Triftige Gründe sind insbesondere

1. die Ausübung beruflicher Tätigkeiten, die Inanspruchnahme der Notbetreuung oder die Ablegung von Prüfungen,

2. die Inanspruchnahme medizinischer und veterinärmedizinischer Versorgungsleistungen, insbesondere Arztbesuche, sonstige medizinische Behandlungen, Blutspenden, sowie der Besuch bei Angehörigen helfender Berufe, soweit dies medizinisch dringend erforderlich ist,

3. Versorgungsgänge für die elementaren Grundbedürfnisse des täglichen Bedarfs,

4. der Besuch bei Partnern einer Lebensgemeinschaft, Alten, Kranken oder Menschen mit Einschränkungen außerhalb von Einrichtungen und die Wahrnehmung des Umgangsrechts im jeweiligen privaten Bereich,

5. die Begleitung und Hilfeleistung für unterstützungsbedürftige Personen und Minderjährige, insbesondere im Rahmen einer Nachbarschaftshilfe,

6. die Begleitung Sterbender sowie Bestattungen im engsten Familienkreis,

7. Sport und Bewegung im Freien, allerdings mit höchstens einer Person oder mit Angehörigen des eigenen Haushalts,

8. die Wahrnehmung dringend erforderlicher Termine bei Behörden, Gerichten, Gerichtsvollziehern, Banken, Rechtsanwälten und Notaren, Wirtschaftsprüfern und Steuerberatern,

9. die Wahrnehmung von dringend erforderlichen Sitzungen durch ehrenamtliche Mitglieder von Organen in Anstalten, Körperschaften und Stiftungen des öffentlichen Rechts,

10. Handlungen zur Versorgung von Tieren.

Im Falle einer Kontrolle sind die triftigen Gründe jeweils glaubhaft zu machen.

Demnach trifft Punkt 7 auf dieses Ehepaar zu und es wurden auch die triftigen Gründe für den Aufenthalt im Freien genannt. Trotzdem kam es augenscheinlich zur Anzeige.

Bei derartigen Fällen kann man nur mit dem Kopf schütteln und es wundert nicht, wenn das Verhalten der Polizei während der Corona-Krise häufig als vollkommen überzogen empfunden wurde.

Es war sicherlich kein Einzelfall, der dieser Tage in Deutschland passierte. Vermutlich war die Polizei während der Ausgangsbeschränkungen teilweise mit der Situation überfordert, doch das rechtfertigt wiederum nicht den Verlust des nötigen Augenmaßes.

So sagte die Frau im Video trefflich zu den beiden Polizisten, während diese zum Fahrzeug gingen: „Sie sollten sich schämen. Sie sollten für die Bürger da sein und nicht für irgendwelche

Auflagen." Behördliche Maßnahmen durchzusetzen ist eine der Aufgaben der Polizei, keine Frage. Doch sie sollte – gerade in diesen Zeiten – mit Bedacht durchgeführt werden und nicht wie ein Computerprogramm, das lediglich einen Algorithmus ausführt. Und wenn, dann sollten sie auch korrekt handeln, und nicht eine Verordnung fälschlicherweise zum eigenen Vorteil umdeuten, wie es in dieser Situation offensichtlich der Fall war.

Warum investigativer Journalismus so wichtig ist

Ein Staat wird grundsätzlich von drei Kräften gesteuert: Der Legislative, der Judikative und der Exekutive. Die Gesetzgebung, die Rechtsprechung und die ausführende Gewalt zählen als tragendes Organisations- und Funktionsprinzip der Verfassung eines Rechtsstaats. Doch es existiert noch eine zusätzliche Kraft, die mehr die Funktion einer prüfenden oder überwachenden Einheit ausübt, und das ist die Pressefreiheit. Denn wenn der Staat in der Lage ist, Druck auf das Justizsystem auszuüben, dann werden die exekutiven Kräfte – allen voran die Polizeibehörden – dessen Willen durchsetzen, da ihnen keine andere Wahl bleibt. Die Pressefreiheit sorgt dafür, Beschlüsse des Staates, Justizentscheidungen und die Durchsetzung der beschlossenen Gesetze auf deren Verhältnismäßigkeit und Rechtmäßigkeit zu hinterfragen und die Öffentlichkeit darauf aufmerksam zu machen. Dabei spielen investigative Journalisten eine wichtige Rolle.

Ein Beispiel dazu ist die Nachfrage eines Journalisten im Rahmen einer Erklärung der Vize-Regierungssprecherin Ulrike Demmer zum Engagement der *Bill and Melinda Gates Foundation*. Dabei bekräftigt sie unmissverständlich, dass die deutsche Bundesregierung die Arbeit der Gates-Stiftung ganz ausdrücklich schätzt. Daraufhin stellte der Journalist Florian Warweg die Frage, ob die Bundesregierung das Engagement einer sehr vermögenden Privatperson tatsächlich so unkritisch betrachtet. Auch vor dem Hintergrund, dass diese Stiftung unter anderem Zeitschriftenverlage mit Spenden und Projektförderungen unterstützt. Demmer antwortete, dass sie die einzelnen Investitionen der Gates-Stiftung nicht bewerten wolle (Anmerkung: Die Frage richtete sich auch nicht an die Privatmeinung der Vize-Regierungssprecherin, sondern nach der Position der Bundesregierung zu diesem Thema) und sie derartige Aussagen als „Mythen und Gerüchte", wie sie es bezeichnete, offen legen möchte.

Und dass, obwohl für jedermann auf der Webseite der *Bill and Melinda Gates Foundation* die finanzielle Unterstützung von *DER SPIEGEL* und *DIE ZEIT* – wie bereits in diesem Buch berichtet – nachzulesen ist. Sie stellte zudem klar, dass diese Stiftung „gerade im Gesundheitsbereich Herausragendes leistet und sich sehr engagiert, auch im Rahmen der Corona-Pandemie".

Trotz nochmaliger Nachfrage des Journalisten, ob es eine kritische Betrachtungsweise zum Engagement der Gates-Stiftung seitens der Bundesregierung gibt, gab die Vize-Regierungssprecherin darauf keine Antwort.[149]

Warum verzichtet die deutsche Bundesregierung augenscheinlich auf die kritische Prüfung der vielschichtigen und finanziell aufwändigen Aktivitäten einer der weltweit vermögendsten Stiftungen im eigenen Land? Vor allem, da diese Stiftung von einem der reichsten Männer der Welt mit vermutlich beinahe unendlichen finanziellen Ressourcen und gewaltiger Macht geführt wird.

Eine grundsätzlich kritische Haltung sollte doch zur Aufgabe der Bundesregierung gehören, um das eigene Land zu schützen, oder nicht? Auch vor dem Hintergrund, dass viele internationale Aktivitäten der Gates-Stiftung nicht unbedingt frei von Kritik sind, einmal vorsichtig ausgedrückt und wie bereits in diesem Buch dargelegt. Vielleicht fand eine kritische Prüfung statt, doch warum gab es dann keine klare Antwort der Vize-Regierungssprecherin auf die sehr konkrete Frage eines Journalisten?

So wird jedenfalls der Eindruck erweckt, die Bundesregierung singe ein „Hohelied", wie es Florian Warweg ausdrückte, auf die Gates-Stiftung, ohne den Teppich anheben zu wollen, um nachzusehen, ob sich Schmutz darunter befindet, der den Menschen in diesem Land in irgendeiner Weise schaden könnte. Schmutz beispielsweise in Form von Interessenskonflikten oder Einflussnahmen auf wichtige Unternehmen und Organisationen, die dann nicht mehr völlig unabhängig agieren können.

Dieses Beispiel zeigt, wie wichtig journalistische Arbeit als vierte Kraft im Land zur Erhaltung des Gleichgewichts ist.

In Medien wird zuweilen bis zu einem gewissen Grad Propaganda betrieben. Je nach politischer Ausrichtung eines Zeitschriftenverlages oder eines TV-Senders kann die Berichterstattung einseitig ausfallen. Auch wenn ein medienschaffendes Unternehmen Zuwendungen oder Spenden erhält, wird es aller Wahrscheinlichkeit nach wohlwollender über den Spender berichten, das liegt in der Natur der Sache. Viele investigative Journalisten arbeiten freischaffend, sind also nicht an bestimmte Medienunternehmen gebunden und verkaufen ihre Storys an Verlagshäuser oder TV-Sender. Selbstverständlich gibt es auch festangestellte investigative Journalisten, die sich an die Vorgaben – sofern vorhanden – ihres Arbeitgebers zu halten haben. Wesentlich daran ist jedoch, dass durch den investigativen Journalismus ein wichtiger Beitrag zur Aufklärung geleistet wird.

Insbesondere zur Zeit der Corona-Pandemie gab es allerdings ein interessantes Phänomen, denn die Medien wurden so sehr vom „Corona-Hype" erfasst – aus welchen Gründen auch immer

– dass sie weitgehend immun gegen kritische Meinungen zu diesem Thema wurden.

Kritik an den Corona-Maßnahmen fanden nur ausgesprochen spärlich statt. Das lag nicht daran, dass es sie nicht gab, sondern dass so gut wie alle medienschaffenden Unternehmen von kritischer Berichterstattung Abstand nahmen, um nicht als Verschwörungstheoretiker zu gelten. Die Bundesregierung schaffte es in höchst erfolgreicher Weise, eine Zwei-Klassen-Meinung zu etablieren: Es gab entweder eine weitgehend regierungstreue Berichterstattung, die maximal leise Kritik an die Corona-Maßnahmen äußerte, oder – grob ausgedrückt – verschwörungstheoretischen Unsinn.

Das bedeutet, es war so ziemlich einmalig in der jüngeren deutschen Geschichte, dass ein Zeitschriftenverlag oder ein TV-Sender sehr schnell als unseriös galt, wenn er gegen die offiziell etablierte Meinung berichtete. Das erschwerte die Arbeit der investigativen Journalisten ungemein, denn das Stigma eines „Verschwörungstheoretikers" kann sich durchaus als existenzgefährdend auswirken, da kein „seriöses" Medienhaus mit einem solchen Journalisten künftig zusammenarbeiten möchte.

Diese Entwicklung ist ausgesprochen bedauerlich und darf keinesfalls zur neuen Norm werden, denn das wäre nicht nur der Tod des investigativen Journalismus, sondern insbesondere der Untergang der offenen und durchaus kritischen Berichterstattung. Dann existieren im Extremfall künftig nur noch Propagandanachrichten und dieser Zustand sollte in einer funktionierenden Demokratie grundsätzlich undenkbar sein und bleiben.

Folgt nun eine Abschaffung des Bargeldes?

Eine Vermutung, die im Laufe der Corona-Krise häufig in den sozialen Medien kolportiert wurde, ist ein vermeintlicher Plan der Bundesregierung, das Bargeld abzuschaffen. Diesem Gerücht liegt zugrunde, dass während dieser Zeit ohnehin zu einer verstärkten Nutzung des bargeldlosen Geldverkehrs geraten wurde, dem viele Unternehmen folgten und eine Bezahlung mit Bargeld teilweise sogar ablehnten.

Auf diese Weise wird – so der Ansatz dieser These – die Bevölkerung auf das bargeldlose Bezahlen vorbereitet und der Widerstand fällt vermutlich geringer aus, wenn es zur tatsächlichen Bargeldabschaffung kommt. Doch welche Gründe könnte es aus staatlicher Sicht geben, eine Bargeldabschaffung durchzusetzen?

Der bekannte Finanzexperte und Bestseller-Autor Dirk Müller weist in vielen Gesprächsrunden und Interviews auf die Gefahr der totalen Überwachung eines jeden Einzelnen durch den Staat nach einer Bargeldabschaffung hin. So erklärt er, dass das Bargeld durch Freiheit geprägt ist und sobald nur noch eine rein digitale Währung besteht, kann nicht nur sämtlicher Geldfluss überwacht werden, sondern auch das Verhalten der Menschen unterliegt somit einer weitreichenden Kontrolle.

Beispielsweise könnten dann plötzlich die Konten von Personen eingefroren werden, die sich gegen den Staat wenden, etwa bei Demonstranten oder von Kritikern, die in den sozialen Medien Stimmung gegen den Staat machen.

Wenn nur noch elektronisches Geld existiert, dann kann bei diesen Personen etwa die Reise ins Ausland unterbunden werden. Einzig allein dadurch, dass beispielsweise kein Geld mehr für Flugreisen oder für Reisen mit der Bahn zur Verfügung steht. Oder das verfügbare Geld für Treibstoff wird auf einen geringen Geldbetrag – angenommen auf 20 Euro – begrenzt. Alle diese Maßnahmen lassen sich, laut Müller, im Falle einer rein digitalen Währung durch den Staat problemlos steuern.

Selbst Kryptowährungen sind nach Meinung des Finanzexperten niemals wirklich anonym. Allein deshalb, weil „Währungen mächtiger als Armeen sind und diese Macht lässt sich kein Staat der Welt einfach so wegnehmen", so Müller weiter. Es wird also mit digitaler Währung nicht nur das Kaufverhalten überwacht, sondern das Verhalten insgesamt vollkommen transparent werden.[150]

Ob es tatsächlich Bestrebungen seitens des Staates gibt, einen komplett bargeldlosen Zahlungsverkehr einzuführen, bleibt aktuell noch offen. Wenn es soweit kommt, dann wird jeder Bürger in einer gewissen Form zu einem gläsernen Menschen, wie es noch nie zuvor dagewesen war.

Zwangsimpfung

Als im Mai 2020 die Meldung an die Öffentlichkeit gelangte, dass Änderungen im Infektionsschutzgesetz als Gesetzesvorlage im Bundestag eingereicht werden sollen, kamen kurz darauf Stimmen in der Bevölkerung auf, dass eine Zwangsimpfung gegen COVID-19 geplant sei. Zwar gibt es in dieser Gesetzesvorlage keinerlei Textstellen, die eindeutig darauf hinweisen, doch zumindest ein Anzeichen darauf existiert sehr wohl.

So soll ein Immunitätsnachweis eingeführt werden, der bestätigt, ob jemand das SARS-CoV-2-Virus in sich trägt oder nicht. Lässt sich dieser Nachweis nicht erbringen, kann es zu gesellschaftlichen Einschränkungen führen. Etwa zu einer Ausgrenzung von Veranstaltungen und vieles mehr. So wird es zumindest von vielen Menschen verstanden, auch wenn es in der Gesetzesvorlage nicht explizit in dieser Form ausformuliert wurde. Über diesen Umweg, so die Kritiker, kann eine Impfpflicht gegen COVID-19 eingeführt werden, sobald ein Impfstoff am Markt existiert.

Ob es tatsächlich so weit kommt, weiß aktuell natürlich niemand. Doch es stellt sich an dieser Stelle die Frage, wie Gesundheitsminister Jens Spahn diese Angelegenheit betrachtet. Schließlich verteidigte er noch am 4. Mai 2020 seine Pläne zum Immunitätsnachweis mit ungebrochener Leidenschaft.[151]

Wie weit seine Nähe zur Pharmalobby dabei eine Rolle spielt, bleibt ungewiss. Eindeutig ist jedoch, dass er von 2006 bis 2010 an einer Lobbyagentur beteiligt war. Ein Engagement, das erst im Jahre 2012 durch einen Medienbericht bekannt wurde. Demzufolge beriet seine Firma in erster Linie Unternehmen aus dem Gesundheitssektor, während Spahn bereits damals zur gleichen Zeit als Gesundheitspolitiker im Gesundheitsausschuss saß.[152]

Einer seiner Geschäftspartner war Max Müller, der als „gut verdrahteter Lobbyist" gilt.[153] Zu dessen beruflichen Stationen zählen neben *Celesio* (heute: *McKesson Europe*), auch Unternehmen wie *Bayer AG*, *Rhön-Kliniken* und ein Vorstandsposten beim Apothekenkonzern *DocMorris*.[154]

Dass Jens Spahn durch diese Teilhaberschaft ein exzellentes Netzwerk zu Pharmaunternehmen unterhält, lässt sich nicht beweisen, doch warum sollte er jegliche Verbindungen abgebrochen haben, nachdem er 2018 zum Gesundheitsminister ernannt wurde? Die weit dringendere Frage jedoch lautet: Könnten ihn seine mutmaßlichen Verbindungen zum Gesundheitswesen in irgendeiner Form in seiner Regierungstätigkeit beeinflussen? Diese Frage kann wohl nur der Gesundheitsminister selbst beantworten.

Die Folgen des massiven Eingriffs des Staates

Einschränkung von Bürgerrechten, Ausgangsbeschränkungen, Zwang zum Tragen von Mund- und Nasenschutzmasken.

Dazu kommen noch teilweise unsinnige Sanktionen gegenüber unbescholtenen Bürgern, wie Bußgelder bei der kurzfristigen Benutzung von Parkbänken, und die Gefahr der Einführung einer rein digitalen Währung.

All das löst Widerstand in Teilen der Bevölkerung aus. Während die einen diese Maßnahmen stillschweigend hinnehmen, rufen andere dazu auf, sich aktiv dagegen zu wehren. Diese Entwicklung ist nicht ungefährlich, denn wenn die Menge an Personen – an Widerständlern – eine kritische Grenze erreicht, dann kann es sich schnell zu aggressiven Konflikten gegen die Regierung ausweiten. So mehren sich spätestens seit dem 1. Mai 2020 die Zahl jener Menschen, die bundesweit an Demonstrationen in einer nicht zu verachtenden Größenordnung teilnehmen. Insbesondere in Berlin und in Stuttgart waren es tausende Menschen, die auf die Straßen gingen – und teilweise aktuell noch immer gehen – und gegen die Verordnungen und Gesetze der Bundesregierung lautstark demonstrierten.

Auch die so genannte „Reichsbürgerbewegung" tritt dabei immer stärker in Erscheinung. Darunter versteht man eine lose Gruppe von Personen, die den deutschen Staat und seine Gesetze nicht anerkennen. Deren Mitglieder betragen in Deutschland etwa 20.000 Personen, wobei eine nicht unerhebliche Dunkelziffer existiert.[155] Das Problem dabei besteht darin, dass diese Gruppe als ausgesprochen militant gilt und viele dieser Reichsbürger gleichzeitig der rechten Szene zuzuordnen sind.[156]

Bewaffnete Gruppen von Menschen, die sich offen gegen den Staat stellen? Ein derartiges Szenario ist in Deutschland heutzutage beinahe undenkbar. Jedoch leider nur „beinahe". Wenn die Maßnahmen weiterhin so bestehen bleiben, könnte diese wenig erfreuliche Vorstellung traurige Realität werden.

Wenn die Einschränkung der Grundrechte und auch die scheinbar zumindest teilweise systematische Kontrolle der

Meinungsfreiheit im Rahmen der Corona-Krise nicht schnell zurückgenommen werden, kann sich diese Strategie zu einem politischen Bumerang für die Regierungsparteien entwickeln.

Die Kontrolle der Medien durch die Politik wurde bereits in diesem Buch angesprochen. Diesen Vorwurf gab es etwa vom ehemaligen österreichischen Innenminister Herbert Kickl in Richtung Bundeskanzler Sebastian Kurz und auch in Deutschland hört man hinter vorgehaltener Hand, dass viele Journalisten nicht vollkommen frei kritische Recherchen veröffentlichen dürfen.

Wir laufen somit Gefahr, dass unsere Freiheitsrechte nie mehr so sein werden, wie sie vor der Corona-Krise einmal waren, sofern die Menschen in den einzelnen Ländern es versäumen, gegen sämtliche Einschränkungen – im gesetzlichen Rahmen – zu protestieren, sobald das Virus weitgehend eingedämmt wurde.

Geschieht das nicht, kommt in ein oder zwei Jahren die nächste Virus-Welle und wir erleben erneut einen Lockdown mit katastrophalen menschlichen wie wirtschaftlichen Auswirkungen.

Dann kommen wir aus diesem unsäglichen Kreislauf wohl nie wieder heraus. Ein Kreislauf, der mit Panikmache beginnt, in Beschneidungen weit über das erträgliche Maß hinaus mündet und mit einer überhasteten Impfstoffentwicklung endet, die am Ende viele Milliarden Dollar in die Kassen von Pharmaunternehmen und einigen wenigen Stiftungen spült.

Insbesondere in Deutschland, Österreich und in der Schweiz legen die Menschen großen Wert auf freie Meinungsäußerung und den Erhalt ihrer Grundrechte. Es wäre daher nicht verwunderlich, wenn bei den nächsten Wahlen die jeweilige Bevölkerung ihrer Regierung die Rechnung dafür präsentiert.

Kapitel 7 – Die Kritiker der Corona-Maßnahmen

Bereits wenige Wochen, nachdem die WHO die höchste Pandemiestufe für SARS-CoV-2 ausgerufen hatte, wurden in Deutschland und in vielen anderen Ländern kritische Stimmen laut. Sicherlich waren einige der Kritiken an den darauffolgenden Maßnahmen der einzelnen Staaten eher undifferenziert und teilweise sogar unsinnig. Behauptungen, das neuartige Coronavirus existiere überhaupt nicht, der Staat/die WHO et cetera erfinden diese Viruserkrankung lediglich, um ein totalitäres Regime einzuführen oder um die Bevölkerung vollends zu kontrollieren, sind nicht nur an den Haaren herbeigezogen, sie sind auch gefährlich. Gefährlich deshalb, weil es sich bei SARS-CoV-2 um ein hochinfektiöses Virus handelt, das zumindest bei Menschen mit Vorerkrankungen zu lebensgefährlichen Komplikationen führen kann.

Was ist überhaupt eine Verschwörungstheorie?

Der Begriff „Verschwörungstheoretiker" wurde zu Beginn der Pandemie zu einem häufig verwendeten Wort, um Personen mit zweifelhaften Thesen – oder mit einer Meinung, die nicht dem offiziellen Wortlaut der Regierung entspricht – abzustempeln und zu diskreditieren. Unter einem Verschwörungstheoretiker wird ganz allgemein eine Person verstanden, die hinter einem Zustand oder einem Ereignis eine Täuschung versteht, die einem angeblichen höheren Zweck dient.

Doch es gibt auch andere Varianten der Verschwörungstheorie. Beispielsweise, wenn in einem Unternehmen eine Gruppe von mehreren Personen beschließt, einen Kollegen zu hinauszuekeln. Sie verbreiten dann innerhalb der Abteilung Gerüchte über diese Person, erzeugen eine negative Stimmung, setzen diesen Kollegen in ein schlechtes Licht. Irgendwann erfährt der Abteilungsleiter davon. Inzwischen sind immer mehr Mitarbeiter der Meinung, dass dieser bestimmte Kollege seine Arbeit nicht mehr erfüllt, vielleicht unkollegial arbeitet und vieles mehr. Daraufhin beschließt dieser Abteilungsleiter, mit jedem aus seinem Team Gespräche zu führen und dabei stellt er fest, dass sehr viele Personen etwas an diesem Mitarbeiter auszusetzen haben. Er nimmt ihn dann genauer unter die Lupe und siehe da: Es gibt tatsächlich die eine oder andere Sache, die es zu beanstanden gibt. Wie geht diese Geschichte aus? Dieser Mitarbeiter wird schließlich entlassen.

Die Verschwörung beruht auf einer Theorie, die einige Personen aus dieser Abteilung in die Welt gesetzt haben, die vielleicht in Ansätzen stimmte, doch nicht komplett der Wahrheit entsprach. Da manche Ansätze richtig waren – etwa, weil dieser Mitarbeiter in zwei Fällen die Mittagspause überzog – wurden aus Nichtigkeiten plötzlich unüberwindbare Hürden. Dieser eine Mitarbeiter konnte gegen die schwerwiegenden Behauptungen – gegen die Verschwörungstheorien – seiner Kollegen nicht mehr argumentieren, er war in der Minderheit. Er wurde also entlassen, weil die bloße Meinung von vielen Personen zur scheinbaren Realität wurde.

Dr. Aziz Choudry ist Professor an der *McGill University* in Montreal. Er ist zudem ein Aktivist, der in den neunziger Jahren als investigativer Journalist gegen Finanzunternehmen und Organisationen wie World Bank, IMF, WTO, APEC, GATT und *Asian Development Bank* recherchierte.

Choudry fand heraus, dass vor allem mit kleinen Staaten im asiatischen und südamerikanischen Raum für die Finanzierung der landesweiten Versorgung, wie Strom, Öl oder Trinkwasser, Kredite vereinbart wurden. Diese Kredite waren jedoch so angelegt, dass sich diese Länder dadurch fest im Griff der jeweiligen Banken und Organisationen befanden. So wurde den betroffenen Ländern richtiggehend diktiert, mit welchen Versorgungsunternehmen sie zusammenzuarbeiten hätten. Unternehmen, die sich wiederum gleichzeitig im engen Austausch mit den jeweiligen Organisationen befanden. Eine Form der modernen Kolonisation und eine perfide Variante des Neoliberalismus, wie es Choudry einem der Autoren dieses Buches gegenüber ausdrückte.

Damals wurden seine Recherchen als Verschwörungstheorien eingestuft, und das, obwohl er als Wissenschaftler in akademischen Kreisen sehr geschätzt und für seine gewissenhafte journalistische Arbeit bekannt war. Er galt als Verschwörungstheoretiker, doch das änderte sich im Jahr 1996.

Zu dieser Zeit lebte Dr. Aziz Choudry in Neuseeland. Zwei Männer des neuseeländischen Geheimdienstes SIS wurden dabei beobachtet, wie sie in sein Haus einbrachen und es durchsuchten. Diese Angelegenheit wurde öffentlich, Choudry erhob Klage und im Rahmen des Gerichtsverfahrens kam heraus, dass er zusätzlich schon seit längerer Zeit abgehört wurde. Damit schien klar zu sein, dass seine Recherchen keine verrückten Verschwörungstheorien waren, sondern weit mehr dahintersteckte. Es kam schließlich 1999 zu einer außergerichtlichen Einigung und zusätzlich erhielt er eine offizielle Entschuldigung der britischen Krone.[157] [158]

Die lange Liste der Verschwörungstheoretiker

Doch es gibt auch die andere Gruppe, nämlich Mediziner, Wissenschaftler und Professoren, die sich kritisch gegen die Auflagen im Rahmen der Pandemie aussprechen. Sie verweisen bei ihren Thesen auf Studien, Statistiken und ihnen bekannte wissenschaftliche sowie medizinische Erkenntnisse. Sie stellen Veröffentlichungen von Datenmaterial der Bundesregierung und regierungsnahen Instituten, wie etwa dem RKI, infrage und präsentieren andere Lösungsvorschläge.

Auch diese Gruppe wurde weitestgehend als Verschwörungstheoretiker bezeichnet, selbst wenn es sich dabei um renommierte Experten handelt, deren Meinungen noch vor wenigen Jahren bei den öffentlichen Medien und sogar bei der Regierung höchst willkommen waren.

Beispiele dafür sind etwa Dr. Wolfgang Wodarg, ein Gesundheitswissenschaftler, ehemaliger SPD-Politiker und ehemaliges Mitglied des Europarates, aber auch Prof. Dr. med. Sucharit Bhakdi, Facharzt für Mikrobiologie und Infektionsepidemiologie, Dr. med. Claus Köhnlein, Internist und Sportmediziner, Prof. Dr. Kenji Mizumoto, Epidemiologe, Prof. Dr. Tom Jefferson, Epidemiologe, Prof. Dr. Carsten Scheller, Virologe, Prof. Dr. Stefan Hockertz, Immunologe und Toxikologe, Prof. Hendrik Streeck, Virologe und HIV-Forscher, die Virologin Karin Mölling, Prof. Dr. med. Georg Marckmann von der Ludwig-Maximilians-Universität in München, der Staatsrechtler Prof. Dr. Dietrich Murswiek, der Infektiologe Prof. Dr. Ansgar Lohse, Prof. Dr. Marita Rita Gismondo, Virologin und Mikrobiologin, Prof Dr. Martin Haditsch, Mikrobiologe und Virologe, Prof Dr. Martin Haditsch, Mikrobiologe und Virologe sowie der Hamburger Rechtsmediziner Prof. Dr. Klaus Püschel.

Letzterer führte als erster Pathologe in Deutschland – wie bereits in diesem Buch vorgestellt – Obduktionen an positiv getesteten SARS-CoV-2-Verstorbenen durch, obwohl dies vom RKI gewissermaßen untersagt bzw. dringend davon abgeraten wurde. Wie bereits in einem anderen Kapitel in diesem Buch beschrieben stellte er fest, dass alle diese Menschen unter schweren Vorerkrankungen litten, und zwar ohne eine einzige Ausnahme. Er wies nach über 200 Obduktionen darauf hin, dass keine einzige dieser Personen durch das neuartige Coronavirus starb und er vertrat seine Meinung in vielen Zeitungsartikeln und TV-Diskussionen. Seine Beweise sind so schwerwiegend, dass ihm danach niemand mehr den Stempel des Verschwörungstheoretikers verpassen konnte.

Eine Sonderstellung nimmt sicherlich Dr. Bodo Schiffmann, Leiter einer Schwindelambulanz in Sinsheim, ein. Er ist HNO-Arzt und somit kein ausgewiesener Experte in den Bereichen Virologie, Epidemiologie oder Immunologie. Forschungsbereiche, die sich direkt mit der Entstehung, Ausbreitung und Bekämpfung von Viren beschäftigen.

Bereits kurz nach Ausbruch von SARS-CoV-2 veröffentlichte er auf seinem YouTube-Kanal regelmäßig Informationen zur Entwicklung des neuartigen Coronavirus und stellte die Verhältnismäßigkeit der Maßnahmen der Bundesregierung in Frage. Dabei bezieht er sich auf allgemeine Daten und Statistiken des RKI, Veröffentlichungen von anderen Medizinern und Forschern sowie von euromomo.eu, einem Netzwerk, das die Sterblichkeitsrate vieler europäischer Länder misst und veröffentlicht.

In diesem Kapitel werden einige ausgewählte Kritiker der Maßnahmen zur Bekämpfung von SARS-CoV-2 und deren Thesen vorgestellt. Es wird sich zeigen, dass es sich hierbei um keine entrückten Spinner handelt, die mit wirren Konstrukten aufwarten, sondern um pragmatische Mediziner und Wissenschaftler, die an der Sinnhaftigkeit der politischen Entscheidungen im Rahmen der Corona-Krise zweifeln und ihre Zweifel begründen können.

Dr. Wolfgang Wodarg

Der Lungenfacharzt kann auf eine bewegte berufliche Laufbahn zurückblicken: Nach seiner Approbation arbeitete er als Schiffsarzt, führte eine Forschungsreise nach Südafrika durch, war anschließend als Hafenarzt tätig. 1979 promovierte zum Doktor der Medizin und trat bald darauf eine Stelle als Amtsarzt in Flensburg an. Neben zahlreichen Publikationen führte er zudem seine Lehrtätigkeit unter anderem an der Universität Flensburg und an der pädagogischen Hochschule Flensburg durch. Als Präsident des *Fachausschusses Gesundheitlicher Umweltschutz* (FAGUSH) der Ärztekammer Schleswig-Holstein erarbeitete außerdem ein Curriculum für Umweltmedizin.

Von 1994 bis 2009 war er Mitglied des Deutschen Bundestages und Sprecher der SPD-Fraktion in der Enquête-Kommission „Ethik und Recht der modernen Medizin" sowie im Ausschuss für *Wirtschaftliche Zusammenarbeit und Entwicklung* und im Ausschuss für *Angelegenheiten der Europäischen Union*.

Seit 1998 ist Dr. Wodarg Mitglied der *Parlamentarischen Versammlung des Europarates* (PACE/CoE), war dort von 2002 bis 2010 stellvertretender Vorsitzender der sozialistischen Fraktion und von 2006 bis 2010 stellvertretender Leiter der deutschen Delegation.

Seine weiteren Funktionen im Europarat:

- Vorsitzender des Unterausschusses Gesundheit,
- Stellvertretender Vorsitzender des Ausschusses für Kultur, Bildung und Wissenschaft,
- Mitglied im politischen Ausschuss,
- Vertreter der parlamentarischen Versammlung des Europarates im CDBI (Comité Directeur pour la Bioéthique) und im North-South-Center (Lissabon),
- seit 2010 Ehrenmitglied der parlamentarischen Versammlung des Europarates (PACE) in Strasbourg.

2009-2010 war er der Initiator der Untersuchungen des Europarates zur H1N1-Pandemie („Faked Pandemics").

Wie an dieser Vita sofort erkennbar ist, handelt es sich bei Dr. Wolfgang Wodarg um einen Mediziner, der das politische Parkett in Deutschland sowie im Europarat bestens kennt und auf eine langjährige medizinische und wissenschaftliche Erfahrung zurückblicken kann.

Bereits 2008/09 trat er als kritischer Gegner im Rahmen der H1N1-Pandemie auf – auch als „Schweinegrippe" bekannt. Damals lautete sein Vorwurf im Kern, dass die WHO die H1N1-Epidemie niemals hätte zur Pandemie ausrufen dürfen, da weder die Infektionsrate noch die Mortalität diesen Schritt rechtfertigen konnten. Vielmehr warf er der Weltgesundheitsorganisation vor, von der Pharmalobby unterwandert und massiv beeinflusst zu werden und sogar Korruptionsvorwürfe konnte man zwischen den Zeilen herauslesen, sofern man es wollte.

Diese Vorwürfe begründete er damit, dass auf der einen Seite Berater zu diesem Thema seitens der WHO konsultiert wurden, die auch in den Diensten der Pharmaunternehmen standen. Zum anderen schlossen Pharmakonzerne Verträge über den

Ankauf von Impfungen gegen H1N1 mit verschiedenen Staaten – darunter Deutschland – in Milliardenhöhe ab. Die Verpflichtungen für den Ankauf wurden jedoch erst dann rechtskräftig, wenn es zu einer Pandemie der Stufe 6 kommen sollte. Die WHO veränderte bekanntlich kurzerhand die Pandemie-Kriterien und die Staaten kauften gewaltige Mengen an Impfpräparaten wie beispielsweise Tamiflu ® des Pharmariesen Roche ein.

Für ihn wurde diese Angelegenheit gewissermaßen zur Chefsache erklärt, deshalb initiierte er die bereits erwähnte Untersuchung zu den Aktivitäten der WHO im Rahmen der H1N1-Pandemie. Passiert ist damals nichts, denn die Weltgesundheitsorganisation ist in ihren Aktivitäten weitgehend frei und kann von keiner Institution zur Rechenschaft gezogen werden.

Das wusste Dr. Wodarg natürlich, doch es lag ihm vermutlich daran, das Vorgehen der WHO der allgemeinen Öffentlichkeit bekannt zu machen und damit Druck aufzubauen. Dieses Thema wurde bereits in einem anderen Kapitel behandelt. Diese Zusammenfassung des Engagements von Dr. Wodarg dient vielmehr dazu, sein Auftreten im Rahmen der SARS-CoV-2-Pandemie besser einordnen zu können.

Auch diesmal unterstellt er der Weltgesundheitsorganisation und der Pharmalobby, gemeinsame Sache zu machen. So gelang es gleichermaßen im Falle des neuartigen Coronavirus, ein gewöhnliches Virus so dramatisch darzustellen, dass erneut eine Pandemie der Stufe 6 ausgerufen werden konnte.

Bereits kurz nach Ausbruch des SARS-CoV-2-Virus sprach Dr. Wodarg davon, dass dessen Gefährlichkeit durch die WHO übertrieben wird und er deutete an, dass einige Regierungsberater sowie Experten durchaus von der Pharmalobby beeinflusst werden. Ob diese Vorwürfe stimmen, lässt sich zu diesem Zeitpunkt nicht beweisen und ähnlich, wie es in der Vergangenheit bereits mehrmals geschah,[159] kann es durchaus sein, dass die Wahrheit – zumindest teilweise – erst viel später ans Licht kommt. Wie auch immer diese aussehen mag.

Selbst einige Monate nach Ausbruch von SARS-CoV-2 bezeichnete er die Vorgehensweise der Bundesregierung und verschiedener Experten als Panikmache. Das bedeutet, nach Auswertung sämtlicher Erkenntnisse kam Dr. Wodarg zum Schluss, dass der Bevölkerung ein Szenario vorgelegt wurde, das in keinem Verhältnis zur Gefährlichkeit des Virus steht.

Auch stellt er fest, dass im Jahr 2020 in Deutschland keine Übersterblichkeit auszumachen war. Zwar stieg dieser Faktor kurz nach dem Lockdown etwas an, doch insgesamt lässt sich nach seinen Recherchen keine Übersterblichkeit feststellen.[160]

Diese Schlussfolgerung deckt sich im Übrigen mit vielen weiteren Veröffentlichungen, beispielsweise von Prof. Homburg und Anderen, auf die in diesem Buch eingegangen wird.

Dr. Wodarg widerspricht der WHO, dass es sich bei SARS-CoV-2 um eine Pandemie handelt und sagte in einem Interview im Juni 2020: „… die Leute, die uns gesagt haben, dass es so schlimm wird, die haben es ganz schön schwer, jetzt noch zu argumentieren."[161] Auf das Argument, dass in Deutschland die Corona-Krise letztlich nur glimpflich verlief, weil die verordneten Maßnahmen das Schlimmste verhinderten, entgegnete Dr. Wodarg im selben Interview: „Wenn da nichts passiert (Anmerkung: Nach anschließender Betrachtung), dann kann man Angst machen und hinterher kann man sagen, man hat nochmal Glück gehabt. Das hat man übrigens bei der Schweinegrippe genauso gemacht. Da hieß es auch bei der WHO: „Da haben wir nochmal Glück gehabt, das hätte schlimmer kommen können", obwohl nie Anzeichen vorhanden waren, dass etwas Schlimmes kommen kann. Das, was wir damals hatten, war eine der mildesten Grippewellen überhaupt und das jetzt (Anmerkung: SARS-CoV-2) war eine ganz normale Grippewelle."[162]

Auf seiner Internetpräsenz wodarg.com präsentiert er wissenschaftliche Publikationen und eigene Artikel sowie Videos, die sich gegen die Notwendigkeit der Pandemie aussprechen und die verhältnismäßig hohe Letalität von COVID-19 in Frage stellen.

So veröffentlichte er beispielsweise am 4. Mai 2020 einen Beitrag mit dem Titel „Der Krieg gegen einen Joker" mit folgendem Einleitungstext: „Die Pharma-Industrie und ihre Virologen versuchen derzeit, aus durchsichtigen Gründen, den Erreger SARS-CoV-2 als stabilen Feind zu definieren. Für den „Krieg gegen das Virus" braucht man die Gefahr in Form einer Stachelkugel. Eine „coronafreie Welt" ist das erklärte Ziel des impfbesessenen Bill Gates und seiner politischen Freunde. Auch im Hinblick auf eine mögliche Impfung versucht man, uns die Illusion eines klar definierbaren Gegners in der Welt der Viren einzureden. Denn das ist die Voraussetzung für das Geschäft mit der Testerei und die staatliche Durchsetzung einer weltweiten und für die Impfstoffhersteller risikolosen Impforgie. Heute, am 4.5.2020 findet eine Online-Geberkonferenz zur „Schaffung einer coronafreien Welt" (ARD-Tagesschau) statt und Kanzlerin Merkel verspricht Milliarden unserer Steuergelder dafür hinzugeben. Aus wissenschaftlicher Sicht handelt es sich bei allen diesen Bemühungen – schonend ausgedrückt – um gefährliche Irrwege. Ich spreche hier noch nicht von den Profiteuren dieses Irrsinns."[163]

Seine Warnung vor einer „Impforgie" beruht auf der „extrem hohen Mutationsrate von RNA-Viren, zu der auch SARS-CoV-2 gehört". Das bedeutet, ein Impfstoff, der heute gegen COVID-19 wirkt, könnte nächstes Jahr wirkungslos sein, da sich das Virus inzwischen wieder verändert hat, ähnlich den jährlich auftretenden Grippeviren. Hierzu führt er verschiedene Studien und andere Artikel als Beweise an. Wie auch in diesem Beitrag kritisiert Dr. Wodarg regelmäßig die Verlässlichkeit der PCR-Tests und zweifelt die Statistiken des RKI in Bezug auf die Infektionszahlen und die Sterblichkeitsrate von SARS-CoV-2 an. Außerdem weist er darauf hin, dass die geplanten mRNA-Impfungen das Risiko einer genetischen Veränderung enthalten und die Gefahr besteht, dass dadurch auch das menschliche Genom genetisch verändert wird.[164]

Demgegenüber wird in einem Artikel im *LaborJournal*[165] darüber berichtet, dass sich mRNA im Körper schnell wieder abbaut und somit nicht ins Genom integriert werden kann. Gleichzeitig wird jedoch auch eingeräumt, dass bislang kein funktionierender Präzedenzfall für diese Technologie existiert und somit ein gewisses Risiko dennoch vorhanden ist.[166]

Daraus kann man ableiten, dass theoretisch die Verabreichung einer mRNA-Impfung unbedenklich ist, aber gleichzeitig Risiken bestehen bleiben, da aktuell schlichtweg unbekannt ist, wie sich das mRNA im menschlichen Körper verhält.

Zu den Hauptvorwürfen bezüglich der geplanten mRNA-Impfungen zählt für Dr. Wodarg die Unsicherheit, ob diese Impfstoffe überhaupt das gewünschte Ziel erreichen und außerdem die viel zu kurze Testphase während der Entwicklung. Normalerweise benötigt eine Entwicklung einige Jahre und es existieren wohl nur wenige Impfstoffe, die in einem kürzeren Zeitraum als fünf Jahre entwickelt wurden. Der Impfstoff gegen das neuartige Coronavirus soll allem Anschein nach bereits im Frühjahr 2021 auf den Markt gebracht werden. In diesem Fall ist überhaupt nicht bekannt, welche langfristigen Nebenwirkungen, wie etwa Krebserkrankungen, damit einhergehen. Deswegen plädiert er für eine Nachbeobachtungszeit des neuen

Impfstoffes von mindestens fünf Jahren, bis dieser für die Anwendung am Menschen zugelassen wird.[167]

Für ihn ist dieser Druck, flächendeckende Impfungen bei Milliarden von Menschen weltweit durchzuführen, in erster Linie Geschäftemacherei. Das funktioniert seiner Ansicht nach nur, weil die Menschen mit Hilfe der Medien und der Politik erpresst werden, indem Angst vor dem Virus künstlich aufgebaut wird.[168]

Wodarg stellt nun eben nicht nur Behauptungen auf, sondern untermauert diese mit wissenschaftlichen Publikationen und mit logischen Schlussfolgerungen. Allen voran warnt er vor einer Überbewertung von SARS-CoV-2. Auf den ersten Blick mag es wie ein Hohn wirken, doch im Laufe der Monate gab es immer mehr Ärzte und Wissenschaftler, die seine These zumindest untermauern. So wird inzwischen die angeblich hohe Sterblichkeitsrate durch COVID-19 angezweifelt und auch die vom RKI sowie von der *Johns Hopkins University* veröffentlichten Infektionszahlen werden von verschiedenen Experten wahlweise stark nach unten oder nach oben korrigiert. Es deutet also vieles darauf hin, dass Dr. Wolfgang Wodarg mit seinen Warnungen recht behalten könnte.

Während er vor der Corona-Pandemie als anerkannter Experte für gesundheitspolitische Fragen in Zeitschriften und Radiosendungen erschien, wurde er durch seine Kritik an der Vorgehensweise und an den Maßnahmen im Rahmen der SARS-CoV-2-Pandemie sehr schnell zur unerwünschten Person erklärt und als Verschwörungstheoretiker verunglimpft. Dass man seine Argumente ernst nehmen sollte, zeigt bereits die Art und Weise, wie die Medien auf ihn reagieren.

So schrieb etwa *DER SPIEGEL* am 20. März 2020 „Die gefährlichen Falschinformationen des Wolfgang Wodarg" und widmete ihm einen ganzen Artikel.[169] Wie schon im zweiten Kapitel beschrieben, wird diese Zeitschrift von der *Bill and Melinda Gates Foundation* finanziell unterstützt. Ob es hier einen Zusammenhang gibt, kann man als Außenstehender nicht erkennen. Unstrittig ist, dass ein bislang anerkannter Mediziner, der sich gegen die Impfpolitik von Bill Gates im Rahmen von COVID-19 stellt, in dieser Zeitschrift zum Thema gemacht wird. Warum wird keiner der vielen anderen „Verschwörungstheoretiker" mit negativer Presse bedacht? Weil nur wenige ihre Thesen mit einer Vielzahl an stichhaltigen Beweisen untermauern.

Dr. Wolfgang Wodarg verteilt Nadelstiche. Gegen die Regierung, gegen Christian Drosten, gegen das RKI, kurzum: gegen alle, die SARS-CoV-2 zum hochinfektiösen, tödlichen Virus erklären, das eine Gefahr für den Fortbestand der Gesellschaft darstellt, und dagegen, dass sich alles und jeder den Anstrengungen unterzuordnen hat, um dieses Virus einzudämmen. Selbst die weltweite Wirtschaft bleibt davon nicht verschont. So steuern wir auf eine Rezension zu, die es zuvor noch nie so gab, die Millionen Existenzen und auch unzählige Todesopfer fordern wird. Nicht wegen einer Infektion, sondern durch Suizid, Verarmung, Hunger – die Begleiter dieser wirtschaftlichen Katastrophe.

Gegen diese Szenarien kämpft Dr. Wodarg an, denn nach seinen Schlussfolgerungen sind sie nicht nur übertrieben, sondern sogar unnötig. Dafür hat er Beweise, wie er sagt. Doch die Medien haben ihn sehr schnell zu einer Unperson erklärt, weshalb heute niemand mehr hören möchte, was er zu sagen hat. Zu diesem Zeitpunkt wissen wir noch nicht, wer letztlich die Wahrheit sagte und wer das gesamte Ausmaß dieser Krise richtig vorhersah. Wir wissen jedoch im Jahr 2020, wie Wahrheit entsteht: Nicht durch das Abwägen von Meinungen, Daten und

Publikationen, sondern durch die Unterstützung von Medien, Politik und regierungsnahen Meinungsbildnern.

Abschließend folgt nun eine Aussage von Dr. Wolfgang Wodarg, die ein erschreckendes Bild der WHO beziehungsweise der Pharmaindustrie im Umgang mit an COVID-19 erkrankten Menschen zeigt.

Bereits kurz nach Ausbruch von SARS-CoV-2 wurde das Arzneimittel Hydroxychloroquin oder Chloroquin als ein erfolgversprechendes Mittel gegen COVID-19 vorgestellt. Normalerweise wird es gegen Malaria eingesetzt und soll auch in diesem Fall helfen und zudem sämtliche Beschwerden lindern. Nach Angabe von Dr. Wodarg wurden seit Jahresanfang 2020 über 1.000 klinische Studien mit Patienten zur Wirksamkeit und Verträglichkeit von Hydroxychloroquin oder Chloroquin bei COVID-19 gestartet.

Er fand heraus, dass bei über 100 Studien bereits vor der Gabe dieses Medikaments bei Menschen mit dem Enzymdefekt „Favismus" gewarnt wird. Dabei handelt es sich um eine Erbkrankheit. Sie betrifft weltweit etwa 400 Millionen Menschen und tritt vor allem bei Menschen in südlichen Regionen der Erde auf, also im Mittelmeer-Raum, in Afrika, im Nahen Osten, in Südamerika und teilweise auch in Asien.[170] Viele Menschen aus tropischen Ländern haben diesen Enzymdefekt, der gleichzeitig dafür sorgt, dass man nicht so schnell an Malaria erkrankt.[171]

In diesen vorhin genannten aktuell über 100 Studien wurde festgestellt, dass bei Patienten mit Favismus nach Gabe von Hydroxychloroquin in der empfohlenen Dosis nach etwa zwei Tagen Atemnot auftritt und bei weiterführender Verabreichung dieses Medikaments sterben viele dieser Menschen.[172]

Nach Aussage von Dr. Wodarg ist diese Nebenwirkung bei vorliegendem Favismus sogar jedem angehenden Arzt bekannt und er spricht von einem grob fahrlässigen Verhalten der WHO, wenn sie diese Studien zulässt, mehr noch: wenn sie die Verwendung dieses Malariamedikaments bei der Behandlung von COVID-19 weiterhin duldet. Man muss daher alle Personen mit Favismus aus derartigen Studien ausschließen und unbedingt von einer Gabe mit diesen Malariamedikamenten absehen. Doch das ist nicht geschehen.

In Mittel- und Südamerika kam es teilweise zu immens hoher Übersterblichkeit und alleine in Brasilien gab es weit über 40.000 Tote. In diesen Ländern ist Favismus häufig unter den dort lebenden Menschen vorhanden. Vermutlich wird unter den vielen Todesopfern, die an oder mit dem neuartigen Coronavirus starben, ein hoher Anteil an Menschen mit diesem Enzymdefekt vorhanden sein. Dr. Wodarg spricht von einer 30 bis 40 Prozent höheren Todesrate an COVID-19 bei jenen Menschen, die in Gebieten mit einem besonders hohen Anteil an Favismus leben. Obwohl diese Risiken seit Jahresbeginn – also kurz nach Ausbruch von SARS-CoV-2 in China – bekannt sind, stoppte die WHO erst Ende Mai 2020 sämtliche Studien mit Chloroquin und Hydroxychloroquin.[173] Durch dieses zögerliche Verhalten der Weltgesundheitsorganisation starben vermutlich tausende Patienten, deren Tod durch die verheerenden Nebeneffekte dieser Arzneimittel hätte vermieden werden können.

Prof. Dr. med. Sucharit Bhakdi

Prof. Dr. Bhakdi ist Facharzt für Mikrobiologie und Infektionsepidemiologie sowie emeritierter Professor der *Johannes Gutenberg Universität Mainz*. Dort leitete er von 1991 bis 2012 – bis zu seinem Ruhestand – das *Institut für medizinische Mikrobiologie und Hygiene*.

Am 29. März 2020 veröffentlichte Prof. Dr. Bhakdi einen offenen Brief an die Bundeskanzlerin Angela Merkel über seinen

YouTube-Kanal.[174] Dieses Schreiben leitete er mit folgenden Worten ein:

„Sehr geehrte Frau Bundeskanzlerin,

als Emeritus der Johannes-Gutenberg-Universität in Mainz und langjähriger Leiter des dortigen Instituts für Medizinische Mikrobiologie und Hygiene fühle ich mich verpflichtet, die weitreichenden Einschränkungen des öffentlichen Lebens, die wir derzeit auf uns nehmen, um die Ausbreitung des COVID-19 Virus zu reduzieren, kritisch zu hinterfragen.

Es ist ausdrücklich nicht mein Anliegen, die Gefahren der Viruserkrankung herunterzuspielen oder eine politische Botschaft zu kolportieren. Jedoch empfinde ich es als meine Pflicht, einen wissenschaftlichen Beitrag dazu zu leisten, die derzeitige Datenlage richtig einzuordnen, die Fakten, die wir bislang kennen, in Perspektive zu setzen – und darüber hinaus auch Fragen zu stellen, die in der hitzigen Diskussion unterzugehen drohen.

Der Grund meiner Besorgnis liegt vor allem in den wirklich unabsehbaren sozio-ökonomischen Folgen der drastischen Eindämmungsmaßnahmen, die derzeit in weiten Teilen Europas Anwendungen finden und auch in Deutschland bereits in großem Maße praktiziert werden.

Mein Wunsch ist es, kritisch – und mit der gebotenen Weitsicht – über die Vor- und Nachteile einer Einschränkung des öffentlichen Lebens und die daraus resultierenden Langzeiteffekte zu diskutieren.
Dazu stellen sich mir fünf Fragen, die bislang nur unzureichend beantwortet wurden, aber für eine ausgewogene Analyse unentbehrlich sind.

Ich bitte Sie hiermit um rasche Stellungnahme und appelliere gleichsam an die Bundesregierung, Strategien zu erarbeiten, die Risikogruppen effektiv schützen, ohne das öffentliche Leben flächendeckend zu beschneiden und die Saat für eine noch intensivere Polarisierung der Gesellschaft säen, als sie ohnehin schon stattfindet."

Anschließend stellte er folgende Fragen:

„1. Statistik

In der Infektiologie – begründet von Robert Koch selbst – wird traditionell zwischen Infektion und Erkrankung unterschieden. Eine Erkrankung bedarf einer klinischen Manifestation. Deshalb sollten nur Patienten mit Symptomen wie etwa Fieber oder Husten als Neuerkrankungen in die Statistik eingehen. Mit anderen Worten bedeutet eine Neuinfektion – wie beim COVID-19 Test gemessen – nicht zwangsläufig, dass wir es mit einem neuerkrankten Patienten zu tun haben, der ein Krankenhausbett benötigt. Derzeit wird aber angenommen, dass fünf Prozent aller infizierten Menschen schwer erkranken und beatmungspflichtig werden. Darauf basierende Hochrechnungen besagen, dass das Gesundheitssystem im Übermaß belastet werden könnte.

Meine Frage: Wurde bei den Hochrechnungen zwischen symptomfreien Infizierten und tatsächlichen, erkrankten Patienten unterschieden – also Menschen, die Symptome entwickeln?

2. Gefährlichkeit

Eine Reihe von Coronaviren sind – medial weitgehend unbemerkt – schon seit Langem im Umlauf. Sollte sich herausstellen, dass dem COVID-19 Virus kein bedeutend höheres Gefahrenpotential zugeschrieben werden darf als den bereits kursierenden Coronaviren, würden sich offensichtlich sämtliche Gegenmaßnahmen erübrigen.

In der international anerkannten Fachzeitschrift „International Journal of Antimicrobial Agents" wird in Kürze eine Arbeit erscheinen, die genau diese Frage adressiert. Vorläufige Ergebnisse der Studie sind schon heute einsehbar und führen zu dem Schluss, dass das neue Virus sich von traditionellen Coronaviren in der Gefährlichkeit NICHT unterscheidet. Dies bringen die Autoren im Titel ihrer Arbeit „SARS-CoV-2: Fear versus Data" zum Ausdruck.

Meine Frage: Wie sieht die gegenwärtige Auslastung von Intensivstationen mit Patienten mit diagnostizierten COVID-19 im Vergleich zu anderen Coronavirus-Infektionen aus, und inwiefern werden diese Daten bei der weiteren Entscheidungsfindung der Bundesregierung berücksichtigt? Außerdem: Wurde die obige Studie in den bisherigen Planungen zur Kenntnis genommen? Auch hier muss natürlich gelten: Diagnostiziert heißt, dass das Virus auch maßgeblichen Anteil an dem Krankheitszustand des Patienten hat, und nicht etwa Vorerkrankungen eine größere Rolle spielen.

3. Verbreitung

Laut eines Berichts der Süddeutschen Zeitung ist nicht einmal dem viel zitierten Robert-Koch-Institut genau bekannt, wie viel auf COVID-19 getestet wird. Fakt ist jedoch, dass man mit wachsendem Testvolumen in Deutschland zuletzt einen raschen Anstieg der Fallzahlen beobachten konnte. Der Verdacht liegt also nahe, dass sich das Virus bereits unbemerkt in der gesunden Bevölkerung ausgebreitet hat. Das hätte zwei Konsequenzen: erstens würde es bedeuten, dass die offizielle Todesrate – am 26.03.2020 etwa waren es 206 Todesfälle bei rund 37.300 Infektionen, oder 0.55 Prozent – zu hoch angesetzt ist; und zweitens, dass es kaum mehr möglich ist, eine Ausbreitung in der gesunden Bevölkerung zu verhindern.

Meine Frage: Hat es bereits eine stichprobenartige Untersuchung der gesunden Allgemeinbevölkerung gegeben, um die Realausbreitung des Virus zu validieren, oder ist dies zeitnah vorgesehen?

4. Mortalität
Die Angst vor einem Ansteigen der Todesrate in Deutschland (derzeit 0.55 Prozent) wird medial derzeit besonders intensiv thematisiert. Viele Menschen sorgen sich, sie könne wie in Italien (10 Prozent) und Spanien (7 Prozent) in die Höhe schießen, falls nicht rechtzeitig gehandelt wird. Gleichzeitig wird weltweit der Fehler begangen, virusbedingte Tote zu melden, sobald festgestellt wird, dass das Virus beim Tod vorhanden war – unabhängig von anderen Faktoren. Dieses verstößt gegen ein Grundgebot der Infektiologie: erst wenn sichergestellt wird, dass ein Agens an der Erkrankung bzw. am Tod maßgeblichen Anteil hat, darf die Diagnose ausgesprochen werden. Die Arbeitsgemeinschaft der Wissenschaftlichen Medizinischen Fachgesellschaften schreibt in ihren Leitlinien ausdrücklich: „Neben der Todesursache muss eine Kausalkette angegeben werden, mit dem entsprechenden Grundleiden auf der Todesbescheinigung an dritter Stelle. Gelegentlich müssen auch viergliedrige Kausalketten angegeben werden." Derzeit gibt es keine offiziellen Angaben darüber, ob zumindest im Nachhinein kritischere Analysen der Krankenakten unternommen worden, um festzustellen, wie viele Todesfälle wirklich auf das Virus zurückzuführen seien.

Meine Frage: Ist Deutschland dem Trend zum COVID-19 Generalverdacht einfach gefolgt? Und: gedenkt es, diese Kategori-

sierung weiterhin, wie in anderen Ländern, unkritisch fortzu-
setzen? Wie soll dann zwischen echten Corona-bedingten Todesfällen und zufälliger Viruspräsenz zum Todeszeitpunkt unterschieden werden?

5. Vergleichbarkeit
    Immer wieder wird die erschreckende Situation in Italien als
Referenzszenario herangezogen. Die wahre Rolle des Virus in
diesem Land ist jedoch aus vielen Gründen völlig unklar – nicht
nur, weil die Punkte 3 und 4 auch hier zutreffen, sondern auch,
weil außergewöhnliche externe Faktoren existieren, die diese
Regionen besonders anfällig machen. Dazu gehört unter anderem die erhöhte Luftverschmutzung im Norden Italiens. Laut
WHO-Schätzung führte diese Situation 2006 auch ohne Virus
zu über 8.000 zusätzlichen Toten allein in den 13 größten Städten Italiens pro Jahr. Die Situation sich hat sich seitdem nicht
signifikant verändert. Schließlich ist es darüber hinaus auch
erwiesen, dass Luftverschmutzung bei sehr jungen und älteren
Menschen das Risiko viraler Lungenerkrankungen sehr stark
erhöht. Außerdem leben 27,4 Prozent der besonders gefährdeten
Population in diesem Land mit jungen Menschen zusammen, in
Spanien sogar 33,5 Prozent. In Deutschland sind es zum Vergleich nur sieben Prozent. Hinzu kommt, dass Deutschland laut
Prof. Dr. Reinhard Busse, Leiter des Fachgebiets Management
im Gesundheitswesen an der TU Berlin, in Sachen Intensivstationen deutlich besser ausgestattet ist als Italien – und zwar
etwa um den Faktor 2,5.

Meine Frage:
    Welche Bemühungen werden unternommen, um der Bevölke-
rung diese elementaren Unterschiede nahe zu bringen und den
Menschen verständlich zu machen, dass Szenarien wie in Italien oder Spanien hier nicht realistisch sind?"[175]

Dazu legte er zu sämtlichen seiner Behauptungen Quellenangaben bei. Hier zeigt sich das wissenschaftliche Vorgehen – wie es auch bei Dr. Wolfgang Wodarg der Fall ist –, das bei Medizinern und Wissenschaftlern erwartet wird. Eine Antwort der Bundeskanzlerin kam erwartungsgemäß nicht.

In einem mit dem österreichischen Sender *ServusTV* im April 2020 geführten Interview ging Prof. Bhakdi auf seine wesentlichen Kritikpunkte ein.[176] Er beklagte beispielsweise, dass sämtliche Kritik am Corona-Virus in den öffentlich-rechtlichen Medien weitgehend ausgespart bleibt. Diese Kritik ist sicherlich grundsätzlich gerechtfertigt, jedoch wurden seit April in vielen Tageszeitungen, TV-Sendern und Online-Formaten, wie *FAZ*, *Tagesspiegel* und auch im *ZDF* immer häufiger Berichte veröffentlicht, die sich kritisch mit den Entscheidungen der Bundesregierung beschäftigen.

Ein Kernpunkt seiner Thesen sind die aus der Sicht Bhakdis völlig überzogenen Maßnahmen zur Eindämmung. Er gibt zu, dass die Entscheidungen der deutschen Bundesregierung in den ersten Wochen der Pandemie durchaus gerechtfertigt waren und spricht damit die Limitierung von Menschenansammlungen in der Öffentlichkeit an. Aus seiner Sicht waren jedoch die darauffolgenden Maßnahmen übertrieben.

Er bezieht sich dabei auf eine frühe Veröffentlichung der WHO, in der die Wirksamkeit eines Lockdowns in den einzelnen Staaten in keinem Verhältnis zum wirtschaftlichen Schaden stehen würde.

„Warum das geändert wurde, bleibt scheinbar ein Geheimnis", sagte er im Interview mit *ServusTV* und führte weiter aus: „Die Tatsache ist – und das wurde von Prof. Homburg in den letzten Tagen sehr deutlich dargelegt –, dass die Epidemie bereits am Abklingen war, als der Lockdown kam. Trotz aller Behauptungen des Gegenteils ist das der Fall. Das bedeutet auch, die Epidemie ist nicht DURCH den Lockdown so schnell abgeebbt."

Zur Erklärung: Prof. Dr. Stefan Homburg ist Professor für öffentliche Finanzen und Direktor des Institutes für öffentliche Finanzen der *Leibniz Universität Hannover*. Er analysierte die Daten der *Johns Hopkins University* – die im Internet frei verfügbar sind – für die Situation in Deutschland. Dabei stellte er fest, dass der Höhepunkt der Neuinfektionen mit dem SARS-CoV-2-Virus bereits am 13. März 2020 stattfand, also bevor der Lockdown ausgerufen wurde. Danach sanken die Neuinfektionen kontinuierlich. Hintergrund ist die gemessene Spitze der Neuinfektionen am 30. März, danach ging der Trend abwärts. Da es von einer Ansteckung mit dem Virus bis zur Infektion rund 17 Tage dauert, war der Höhepunkt der Epidemie in Deutschland schon am 13. März.[177] Aus diesem Grund wäre der Lockdown – und damit die wirtschaftliche Talfahrt – unnötig gewesen und hätte überhaupt nicht stattfinden dürfen.

Prof. Dr. Bhakdi führte weiter aus, dass bei nüchterner Betrachtung die Infektionszahlen in Schweden ohne Lockdown genauso niedrig waren wie in Deutschland. „Die ganze Aufregung war umsonst", gab er zu bedenken.

Als weiterer Beweis für die Unverhältnismäßigkeit des Lockdowns gab er die ebenso bereits im Buch vorgestellte Veröffentlichung der *Stanford University* an, die zeigt, dass die Zahl der tatsächlichen COVID-19-Verstorbenen um ein Vielfaches geringer ist als von den öffentlichen Stellen angegeben. Zur Erinnerung: In dieser Publikation fand der weltweit geschätzte Gesundheitswissenschaftler und Statistiker Prof. John Ioannidis heraus, dass die tatsächliche Sterblichkeitsrate bei 0,05 bis ein Prozent liegt und damit weit unter der Hochrechnung der WHO mit 3,4 Prozent.

Der große Unterschied liegt darin, dass Ioannidis es schaffte, die Verstorbenen herauszurechnen, die *AN* COVID-19 verstarben und nicht *MIT* dem SARS-CoV-2-Virus.[178] Laut Bhakdi sei bei einer derartig geringen Sterblichkeitsrate ein Lockdown niemals zu rechtfertigen gewesen.

Er sagte zudem in diesem Interview, dass öffentliche und öffentlich-rechtliche Sender die Expertisen unzähliger renommierter Fachleute schlichtweg ignorierten. Stattdessen wurde versucht, Wissenschaftler wie ihn als fragwürdig darzustellen.

Dabei handelt es sich um eine Beobachtung, der man sicherlich zustimmen kann. Jedenfalls wurden die größten – und lautesten – Kritiker der Corona-Maßnahmen zu keiner der vielen TV-Diskussionen der großen Sender eingeladen. Selbst wenn es sich dabei um seriöse Wissenschaftler oder Mediziner wie Bhakdi oder Wodarg handelt. Auf diese Weise läuft man natürlich Gefahr, der Bevölkerung lediglich eine einseitige Sicht dieser Situation anzubieten, während gleichzeitig im Internet viele – teilweise abstruse – Verschwörungstheorien Hochkonjunktur feiern. Natürlich gab es durchaus auch kritische Diskussionspartner, wie etwa der Hamburger Pathologe Prof. Dr. Püschel, der seine kritische Haltung, beispielsweise bei *Markus Lanz*, – wie bereits in diesem Buch vorgestellt – äußern konnte. Eine wirklich kontroverse Diskussion mit offenen Gegnern der Corona-Maßnahmen fand bislang jedoch nicht statt. Zumindest nicht bei den so genannten „etablierten" Medien.

Zur Gefährlichkeit des neuartigen Coronavirus gab Bhakdi an, dass diese nach wie vor unklar ist. Eben, weil – wie die Publikation von Ioannidis vermuten lässt – die offiziellen Stellen in den einzelnen Ländern in ihren Statistiken nicht angeben können, ob jemand an oder mit COVID-19 verstarb. So lange man das nicht weiß, kann man dieses Virus nicht einschätzen.

Prof. Dr. Bhakdi sagt dazu: „Es war die erste Pflicht des Gesundheitsministeriums beziehungsweise der Ärzteschaft, die Gefährlichkeit von SARS-CoV-2 festzustellen, doch das wurde bis heute nicht gemacht. Trotzdem haben wir inzwischen genug Daten, um zu sagen, dass es kein gemeingefährliches Virus ist. Und weil nunmehr genug Daten vorliegen, hat der vermutlich renommierteste Forscher der Welt auf diesem Gebiet, John Ioannidis von der Stanford University, sich am 4. April dazu geäußert. Er ist einer der am meisten zitierten Wissenschaftler weltweit, er ist dort Professor. Er wurde für die Qualität seiner Forschung, für die Richtigkeit mehrfach ausgezeichnet und er hat eben diese Studie veröffentlicht.

Er hat gesagt, dass die ganze Welt nicht unterscheidet, ob mit oder an Corona verstorben wurde. Deswegen hatte er vorneweg Probleme, aber die unbereinigten Zahlen reichen aus. Er untersuchte dabei die Zahl der Menschen über 80 Jahre, die ein absolutes Risiko haben, an COVID-19 während dieser Epidemie zu sterben. Er fand heraus, dass weltweit lediglich zwei pro zehntausend Menschen über 80 Jahre an diesem Virus gestorben sind. Die normale Wahrscheinlichkeit der Menschen, im Alter von über 80 Jahren zu sterben, liegt übrigens bei 1.200 von 10.000." Soweit Prof. Dr. Bhakdi im Interview.

Auf die Frage seines Interviewpartners, weshalb er – Bhakdi – sich allem Widerstand zum Trotz öffentlich traue, seine Position bezüglich der Corona-Krise zu vertreten, sagte dieser, dass er das Glück habe, bereits im Ruhestand zu sein. Er brauche daher keine Sorge um sein Ansehen oder um seinen Arbeitsplatz zu haben, wenn er – aus vollkommener Überzeugung – seine Meinung vertrete. „Viele Wissenschaftler, Ärzte und Forscher schweigen nämlich genau aus diesem Grund, denn niemand riskiert gerne seine Reputation oder seinen Job", gab Bhakdi zu bedenken.

Anfang Juni 2020 gab Prof. Dr. Bhakdi dem Online-Magazin *Rubikon* ein Interview.[179] *Rubikon* versteht sich als Magazin für die kritische Masse, das darüber berichtet, was in den Massenmedien normalerweise verschwiegen wird. Der *Deutschlandfunk* schreibt dazu, dass „einige dort veröffentlichte Berichte zwar als „schwierig" zu bezeichnen sind, jedoch auch gut recherchierte Artikel veröffentlicht werden."[180]

Er ging darin auf Themen wie die Maskenpflicht ein, und Bhakdi sprach natürlich auch wieder über Prof. Ioannidis, der feststellte, dass COVID-19 nicht schwerer als eine normale bis mittelschwere Grippe verläuft und dafür legte er Zahlen vor. „Dieser Mann zeigt uns den Weg", fasste Prof. Bhakdi die Veröffentlichung von Prof. John Ioannidis zusammen.

Desweiteren lobte Prof. Bhakdi erneut die Arbeit von Prof. Homburg, der mittels akribischer Datenanalyse aufzeigen konnte, dass der Verlauf von SARS-CoV-2 bereits vor dem deutschlandweiten Lockdown rückläufig war, weshalb es die darauffolgende wirtschaftliche Katastrophe nie hätte geben dürfen.

„Das Hochfahren von Tests zu einer Zeit, als die Epidemie zu Ende ging, ist etwas, das man nicht macht", gab er in diesem Interview zu bedenken. Dieses Wissen besitzt natürlich nicht nur Prof. Bhakdi, sondern auch andere Forscher und Mediziner. Es stellt sich an daher die Frage, warum regierungsnahe Virologen, wie Christian Drosten, so vehement auf die Fortführung der Tests bestanden haben, wenn an anderer Stelle inzwischen errechnet wurde, dass die Infektionszahlen ohnehin bereits rückläufig waren.

Zudem merkt er an, dass Schnelltests grundsätzlich nie zu 100 Prozent exakt messen, selbst bei vollständig korrekter Probenentnahme. Die besten Tests liegen bei einer Genauigkeit von etwa 98 Prozent und bei den SARS-CoV-2-Schnelltests ist die

Exaktheit noch nicht ausreichend geprüft worden. Dazu sagte er in diesem Interview: „Wir wissen also nicht, wie genau diese Tests messen. Es kommt also zu sogenannten falsch positiven Ergebnissen. Das bedeutet, wenn 100 Personen getestet werden, dann zeigt das Testergebnis im Idealfall bei zwei Testpersonen ein positives Ergebnis des neuartigen Coronavirus an, obwohl diese überhaupt nicht infiziert wurden. Bei 100.000 getesteten Menschen sind es bereits 2.000 Personen. Von der Regierung wurden massenhafte Tests in der Bevölkerung gefordert und dadurch wird zwangsläufig die Zahl der infizierten Personen fälschlicherweise in die Höhe getrieben."

Aus diesem Grund stuft Bhakdi diese Strategie als nicht unbedingt hilfreich, wenn nicht sogar als fragwürdig ein. Denn wenn eine große Zahl an Menschen getestet wird, führt das natürlich zur Identifizierung von tatsächlich infizierten Personen, aber auch zu einer nicht zu unterschätzenden Zahl von falsch positiven Ergebnissen, wodurch erneut einschneidende Maßnahmen die Folge sein können, obwohl überhaupt kein Anlass dazu besteht.

Prof. Dr. Bhakdi geht in diesem Interview auf einen zusätzlichen wichtigen Aspekt ein: In den Medien wird häufig von COVID-19-Infizierten gesprochen. COVID-19 ist eine schwere Erkrankung, die durch das neuartige Coronavirus entstehen und für den Menschen einen gefährlichen Verlauf nehmen kann. Zeigt jemand etwa lediglich Hustensymptome, ist er nicht zwangsläufig an COVID-19 erkrankt. Diese Unterscheidung ist sehr wichtig.

Die Schnelltests messen eine mögliche Infektion mit dem SARS-CoV-2-Virus. Diese Menschen tragen das Virus in sich, sie sind allerdings nicht unbedingt an COVID-19 erkrankt, selbst wenn leichte Symptome auftreten. Durch diese Vermischung der Begriffe wird jedoch innerhalb der Bevölkerung der Eindruck erweckt, man hätte es mit einer riesigen Zahl an CO-VID-19-Erkrankten zu tun, doch das ist falsch.

Es ist mit einer Influenza vergleichbar: Wenn jemand an einem Halskratzen oder an einem Schnupfen leidet, ist er nicht automatisch an Influenza erkrankt, die durchaus einen lebensbedrohlichen Verlauf nehmen kann.

Nach Aussage von Prof. Dr. Bahkdi definiert die WHO eine positiv auf SARS-CoV-2 getestete Person – selbst wenn es sich um ein falsch-positives Testergebnis handelt – als COVID-19-Fall. So entsteht eine gewaltige Zahl an COVID-19-Patienten, die in Wahrheit überhaupt nicht in dieser Größenordnung existiert. Das wäre dann eine eklatante Verzerrung der tatsächlichen Situation und somit höchst fragwürdig.

Bhakdi ging in diesem Interview ebenfalls auf die Maskenpflicht ein und er hält das Tragen von Mund- und Nasenschutzmasken für vollkommen wirkungslos. Vor allem deshalb, weil die Materialien dieser Masken zu grob für die feinen Aerosole sind, durch die das Virus verbreitet wird. Im Gegenteil, durch die Erhöhung der Kohlendioxidmenge beim Tragen der Maske wird die Verwendung sogar als schädlich betrachtet. Diese Maskenpflicht ist also vollkommen unverantwortlich.

Dazu erzählte Bhakdi ein persönliches Erlebnis, das an dieser Stelle gekürzt wiedergegeben wird: „Meine Schwiegermutter ist alt. Sie ist krank und hat Krebs. Sie wohnt weit weg von uns und ist allein. Wenn sie Milch und Brot benötigt, dann muss sie in den Supermarkt laufen und das hat sie getan. Das sind ein paar hundert Meter und das schafft sie noch. Da sie ohne Maske nicht einkaufen darf, trug sie diese Maske. Sie ging einkaufen und mitten in diesem Laden bekommt sie Luftnot und bricht zusammen. Sie musste nach Hause gebracht werden und dort wurde sie gefragt, ob sie ins Krankenhaus möchte. Wissen Sie, was sie gesagt hat? „Ich will nicht ins Krankenhaus. Wenn ich dorthin gehe, werde ich meinen Enkel und meine Tochter nie wieder sehen. Und das können wir nicht ertragen. Und das alles wegen einem Zwang aus Berlin. Wie kann man nur? Das ist unverantwortlich und menschenverachtend. Das macht man nicht. Wie viele Leute sind durch diese Idiotie gestorben?"[181]

Wenn das Tragen dieser Masken – und weitere unsinnige Maßnahmen – von der breiten Bevölkerung akzeptiert wird, ohne die Zweckmäßigkeit zu hinterfragen, dann kann man davon ausgehen, künftig jedes Jahr eine Epidemie mit nationaler Tragweite zu erleben. Dann laufen wir Gefahr, dass ein Mund- und Nasenschutz zur neuen Normalität wird und auch wirtschaftliche Lockdowns immer wieder auf der Tagesordnung stehen werden. Diese Gefahr besteht und sie kann nur vermieden werden, indem investigative Journalisten und Wissenschaftler, wie Bhakdi oder Wodarg, vehement dagegen argumentieren, und zwar mit Fakten.

Gemeinsam mit seiner Frau schrieb Prof. Dr. Bhakdi während der Zeit des Lockdowns ein Buch, erschienen im Goldegg Verlag, das über die unterschiedlichen Ansichten über die Gefahren durch die Pandemie aufklärt.

Obwohl die Printausgabe erst für den 28. Juni 2020 angekündigt wurde, erklomm das Sachbuch bereits Wochen zuvor die Bestsellerlisten in verschiedenen Kategorien auf Amazon, ausgelöst durch zahlreiche Vorbestellungen.[182] So scheint dieses Buch endlich die breite Öffentlichkeit zu erreichen, ein später Erfolg, nachdem seine Meinung Monate zuvor konsequent von den TV- und Printmedien ignoriert wurde.

Dr. Bodo Schiffmann

Der HNO-Arzt und Leiter einer Schwindelambulanz im baden-württembergischen Sindelfingen begann ebenfalls kurz nach Beginn der Corona-Pandemie seine Kritik an den damit verbundenen Maßnahmen zu veröffentlichen.

Am 14. März 2020 veröffentlichte Dr. Schiffmann auf seinem YouTube-Kanal „Schwindelambulanz Sindelfingen" das erste Mal seine Berichterstattung über das neuartige Coronavirus. Dabei fokussierte er sich insbesondere zu Beginn auf die Daten des Robert-Koch-Instituts, der *Johns Hopkins University*, der deutschen Bundesregierung, des Virologen Christian Drosten, sprich: von allen gängigen weitgehend offiziellen Stellen, und hinterfragte diese kritisch.

Tatsächlich konnte er viele dieser Statistiken entkräften und berief sich häufig dabei auf andere Quellen, wie von euromomo.eu oder von swprs.org, der „Swiss Propaganda Research".

Insbesondere zu Beginn der Corona-Pandemie zeigte er auf, dass sich die Sterblichkeit in den meisten Ländern in Europa nicht erhöht habe, vor allem in Deutschland. Und dass, obwohl die deutschen Medien in dieser Zeit beinahe täglich von neuen Todesopfern sprachen.

Die Webseite swprs.org wird – nach Angaben von Dr. Schiffmann – von einem Schweizer Arzt betrieben, der lieber anonym bleiben möchte. In der Tat ist auf dieser Seite kein Impressum zu finden. Die Seitenbetreiber stellen sich als eine Forschergruppe vor, die *Swiss Propaganda Research* betreiben, ein Forschungs- und Informationsprojekt zu geopolitischer Propaganda in Schweizer und internationalen Medien. Ein Bereich davon widmet sich dem Thema „COVID-19". Laut Angaben der Webseitenbetreiber handelt es sich dabei um „von Fachleuten präsentierte, vollständig referenzierte Fakten zu Covid-19, die unseren Lesern eine realistische Risikobeurteilung ermöglichen sollen."[183]

Tatsächlich findet man auf dieser Webseite zu sämtlichen Angaben die entsprechenden Referenzen, die alle Behauptungen untermauern.

Doch nicht nur diese beiden Webseiten dienen Dr. Schiffmann als Basis für seine Recherchen. So analysiert er zahlreiche Artikel und Veröffentlichungen und zeigt beispielsweise auf, dass in Deutschland das Tragen von Mundschutz zwingend vorgeschrieben wird, obwohl selbst die WHO davon abrät und – zur Erinnerung – sogar der Weltärztepräsident Frank Ulrich Montgomery das Tragen dieser Masken als Schutz vor dem SARS-CoV-2-Virus beziehungsweise als Schutz von anderen als „lächerlich" bezeichnet.

Neben Bhakdi und Wodarg zählt er sicherlich zu den führenden Stimmen gegen die Maßnahmen der Corona-Pandemie, da auch er stets versucht, möglichst sachlich zu argumentieren und er untermauert seine Thesen und Meinungen in den meisten Fällen mit Quellen.

Vor allem ist ihm an den Freiheitsrechten und an dem Fortbestand der Demokratie gelegen, wie er immer wieder in seinen Videos erwähnt. Dr. Bodo Schiffmann versucht jedoch gleichzeitig stets möglichst objektiv zu arbeiten mit dem Ziel: „Eine unnötige Panikmache zu verhindern", wie er es häufig in seinen Videos ausdrückt und verzichtet dabei ganz bewusst auf polarisierende Aussagen, wie es bei vielen anderen Gegnern der Corona-Pandemie durchaus der Fall ist.

Zwischenzeitlich veröffentlichte er über 40 Videos, in denen er unermüdlich auf verfälschte Zahlenangaben, irritierende Schlussfolgerungen oder unverhältnismäßige Vorgaben der Bundesregierung hinweist. Dabei macht er sich die Arbeit, aus den unterschiedlichsten Quellen zu recherchieren, und deckt dabei sehr häufig Widersprüche und Ungereimtheiten auf.

Dr. Bodo Schiffmann ist sozusagen der Gegenpol der Mainstream-Berichterstattung und legt seinen Finger mahnend auf sämtliche Veröffentlichungen rund um die Folgen der Corona-Pandemie und konnte damit bereits eine große Zahl an Menschen erreichen. Über 140.000 Abonnenten folgen seinem YouTube-Kanal. Mehr als sieben Millionen Zugriffe auf seine Videos pro Monat – oder ca. 240.000 täglich – verzeichnet Dr. Bodo Schiffmann mit seinen Informationen über Corona.[184]

Doch diese Aufmerksamkeit genügte ihm nicht, denn er wollte viel mehr Menschen erreichen, um auf die von ihm erkannten Missstände hinzuweisen. Am 21. April 2020 gründete er deshalb, gemeinsam mit dem Rechtsanwalt Ralf Ludwig, die Bewegung „Widerstand 2020".[185] Ursprünglich zählte zum Gründungsteam noch Victoria Hamm, doch sie erklärte bereits nach wenigen Tagen ihren Rücktritt. Auf diese Weise versuchte Schiffmann eine Plattform aufzubauen, um möglichst viele Menschen anzusprechen.

„Wir haben uns gemäß Parteiengesetz gegründet. Wir haben eine Satzung. Wir haben eine Gründersitzung mit drei Mitgliedern. Wir sind eine rechtsfähige Partei", sagte Dr. Bodo Schiffmann im Interview mit dem *ARD-Hauptstadtstudio*.[186]

Nach eigenen Angaben handelt es sich bei *Widerstand 2020* um eine „Mitmach-Partei", die bereits nach kurzer Zeit über 100.000 angemeldete Mitglieder vermeldete. Dabei handelt es sich jedoch um keine Parteimitglieder, wie es bei klassischen politischen Parteien der Fall ist. Auf der Webseite dieser Bewegung kann sich jeder relativ unbürokratisch anmelden und daraus setzt sich die Gesamtzahl dieser Mitglieder zusammen. Auf der Facebook-Seite sind es immerhin noch etwa 30.000 Men-

schen, die „Widerstand 2020" abonnieren (Stand: 11.5.2020).
Wie weit sich diese Bewegung etablieren kann, bleibt natürlich
abzuwarten, doch sie erreichte in jedem Fall das von Dr.
Schiffmann angesetzte Ziel: Kurz nach Gründung berichtete
eine Vielzahl von Medien darüber und so wurde er innerhalb
weniger Tage bundesweit bekannt und damit wohl auch seine
Ansichten und Thesen, die er weiterhin auf seinem YouTube-
Kanal verbreitet.

Am 21. Juni 2020 kam die Nachricht, dass Bodo Schiffmann
aus der neugegründeten Widerstandsbewegung ausgetreten ist.
War es für ihn lediglich nur ein kurzer Ausflug in politische
Gefilde? Vermutlich nicht, denn er deutete gleichzeitig die
Gründung einer neuen „Mitmachpartei" an.[187]

Henry Kissinger und seine Meinung zu Corona

Henry Kissinger, ehemaliger US-Außenminister und Nobel-
preisträger, sieht in der Lösung für die Corona-Krise den Beginn der neuen Weltordnung. Eine gewagte These, denn es gibt
nur wenige Ansichten, die noch mehr mit der klassischen Verschwörungstheorie in Verbindung gebracht werden als die „New
World Order" (NWO).

Unter diesem Begriff wird allgemein das Ziel von Eliten und
Geheimgesellschaften verstanden, eine Weltregierung unter
ihrer Kontrolle zu erschaffen. Häufig werden in diesem Zusammenhang Superreiche, einflussreiche Familien oder gehei-
me Organisationen genannt, die bereits seit vielen Jahren –
oder sogar Jahrzehnten – alles daran setzen, die weltweiten
Finanzsysteme zu kontrollieren und die Entscheidungen sämtlicher Staaten zu beeinflussen, mit dem Ziel, eine weltweite
Destabilisierung heraufzubeschwören. Dieses entstandene Chaos soll dann genutzt werden, um eine einheitliche Regierung –
eben die NWO – unter ihrer Kontrolle zu etablieren.

Der ehemalige Harvard-Professor gilt als herausragender Analyst und als Realist, der bereits mehrere vielbeachtete Bücher veröffentlichte. So lautet eines seiner Werke, „World Order", das 2015 auf den Markt kam. Darin beschreibt er das Fehlen einer Weltordnung und er legt in diesem Buch dar, weshalb es an dieser Ordnung mangelt und aus welchen Gründen ein Machtausgleich auf dieser Welt so wichtig ist.

Es wird schnell klar, dass sich Henry Kissinger weniger mit reichen Eliten und Geheimbünden als Erschaffer einer neuen Weltordnung auseinandersetzt und dadurch nicht zu den teilweise kruden Thesen mancher Verschwörungstheoretiker zu zählen ist, auch wenn sein Name manchmal in diesem Zusammenhang erwähnt wird. Kissinger beruft sich in seinem Buch immer wieder auf jene Ordnung, die der Westfälische Friede im Jahr 1648 schuf und damit auf ein Machtgleichgewicht unter starken Parteien. Darin besteht vermutlich der größte Unterschied zu den teilweise abenteuerlich klingenden Thesen, die man im Internet über die NWO findet.

Im Rahmen der Corona-Krise warnte er in einem Kommentar im *Wall Street Journal*, dass keine Regierung auf dieser Welt das neuartige Coronavirus, mit all seinen Folgen, allein besiegen kann. Das impliziert, dass die neue Weltordnung, die er immer gepredigt hat, folgen muss. Wenn die USA ihre Bemühungen um den Wiederaufbau ihrer eigenen Wirtschaft nicht mit den ersten Schritten zur Schaffung einer globalen Regierung verbinden, sei die Menschheit zum Scheitern verurteilt.

„Kein Land, nicht einmal die USA, kann das Virus in rein nationalen Anstrengungen überwinden", warnte Kissinger eindringlich und fügte in seinem Kommentar hinzu: „Die Berücksichtigung der aktuellen Bedürfnisse muss letztendlich mit einer globalen Vision und einem globalen Programm für die Zusammenarbeit verbunden sein. Wenn wir nicht beides gleichzeitig tun können, werden wir mit dem Schlimmsten von jedem konfrontiert sein."[188]

Kissinger beklagt, dass die Pandemie zur Rückkehr eines Modells der nationalistischen Regierungsführung mit „eingemauerten Städten" geführt hat, was darauf hindeutet, dass nur eine „Forschung bis an die Grenzen der Wissenschaft" die Menschheit vor Krankheiten retten kann.

Die Entwicklung von Heilmitteln braucht jedoch Zeit, und die Vorstellung, dass Länder davon abgehalten werden sollten, sich in der Zwischenzeit zu schützen, ist selbstmörderisch. Wenn überhaupt, war einer der Gründe, warum Italien, Spanien und Frankreich so stark vom Coronavirus betroffen waren, das dysfunktionale Bestehen der EU auf offenen Grenzen inmitten der Pandemie.

„Globaler Handel und Bewegung von Menschen" sind laut Kissinger zwar gut und schön, doch hat diese Pandemie die Schwächen der Globalisierung wie nie zuvor aufgedeckt. Es wird Jahre dauern, bis sich die Staaten wieder davon erholt haben, und Fehler zu wiederholen kann sich letzten Endes kein Land erlauben. Er gilt damit als kein „klassischer" Kritiker von Corona-Maßnahmen an sich, jedoch kritisiert er die – aus seiner Sicht – fehlende globale Vernetzung, um diese Krise zu überwinden.

Die Wahrscheinlichkeit, dass diese Welt nach dieser Corona-Pandemie eine andere sein wird als zuvor, ist sehr groß, wenn nicht sogar höchstwahrscheinlich. Wie diese „neue Weltordnung" aussehen wird, bleibt ungewiss. Dass es sie geben wird, daran führt wohl kein Weg mehr vorbei.

Kritische Meinungen sind unerlässlich

Wenn Personen wie Wodarg, Bhakdi, Homburg, Schiffmann und viele andere nicht so hartnäckig ihre kritischen Ansichten zu den Corona-Maßnahmen und geplanten Entscheidungen der Bundesregierung permanent kundgetan hätten, dann würde es vermutlich neue Gesetze geben, die zwar für einige Lobbyvereinigungen viele – vor allem wirtschaftliche – Vorteile mit sich brächten, jedoch gleichzeitig für die Bevölkerung selbst sehr schlecht wären. In einer Demokratie sind kritische Meinungen nicht nur erwünscht, sondern absolut notwendig. Das bedeutet natürlich nicht, dass man sich mit jedweder auch noch so abstrusen Sichtweise automatisch ernsthaft beschäftigen sollte. Grundsätzlich sollte man kritischen Gedanken mit Offenheit begegnen, doch diese Haltung findet man in diesen Tagen leider eher selten vor.

Wenn die vorgegaukelte Pandemie durch die Ärzte und Wissenschaftler bewiesen wird, dann sollten wir diesen Personen eher zuhören, als auf Aussagen zu vertrauen, die von Tierärzten – der Leiter des RKI – oder Bankkaufleuten, wie im Falle von Gesundheitsminister Jens Spahn, kommen. Wir sollten uns vor allem mit Aussagen von Instituten kritisch auseinandersetzen, die Gelder von Stiftungen angenommen haben, die zumindest unklare wirtschaftliche Interessen verfolgen. So entstehen für die Charité oder das RKI automatisch Interessenskonflikte, die jedem klardenkenden Menschen sofort auffallen werden.

Ein Beispiel: Sie bekommen von Ihrem Onkel eine größere Geldsumme geschenkt, die Sie für neue Kleidung oder ein neues Auto verwenden dürfen. Ihr Onkel lässt dabei durchblicken, dass es von nun an jedes Jahr ein neues Auto geben könnte. Plötzlich erfahren Sie, dass dieser Onkel ihrem Vater ein wichtiges Geschäft vor der Nase wegschnappt. Das ist zwar kein

Weltuntergang, aber dennoch ärgerlich. Ihr Onkel erwirtschaftete dadurch einen tollen Gewinn, Ihr Vater wurde deswegen weder reicher noch ärmer, findet dieses Verhalten jedoch trotzdem ziemlich unfair. Am nächsten Abend erzählt Ihr Vater im Kreise seiner Familie von diesem Vorfall. Was würden Sie machen? Offen Stellung gegen Ihren Onkel beziehen, so dass dieser auch davon erfährt? Oder würden Sie eher schweigen, vielleicht dieses Verhalten verurteilen, sich jedoch eher neutral verhalten, da dieser Onkel zu Ihnen ja immer freundlich und großzügig war – und es künftig vermutlich auch weiterhin sein wird?

Ein Dilemma, nicht wahr? Und vor diesem Dilemma stehen mit hoher Wahrscheinlichkeit auch sämtliche Institute und Zeitschriftenverlage, die Spenden von Stiftungen annehmen. Nehmen wir an, es kommen plötzlich Machenschaften dieser Stiftung ans Tageslicht, die sich nicht positiv auf die Bevölkerung in Deutschland auswirken: Wie hoch wäre die Wahrscheinlichkeit, dass ebendiese Zeitschrift offen negativ über diese Organisation berichtet, nachdem sie von ihr eine großzügige Spende erhalten hat?

Wir brauchen in diesem Land Personen wie Wodarg, Bhakdi, Homburg, Püschel oder Schiffmann, die den Mut besitzen, auf Fehlentwicklungen hinzuweisen, selbst wenn sie deswegen diffamiert und denunziert werden.

Natürlich sollten immer alle Behauptungen und Thesen auf einer soliden und nachvollziehbaren sowie beweisbaren Grundlage stehen. Wenn das der Fall ist, sollten wir ihnen dankbar sein!

Ohne diese Ärzte, Statistiker und Wissenschaftler hätte es nicht die vielen kritischen Stimmen innerhalb der Bevölkerung gegeben, die letztlich Schlimmeres verhindert haben.

Wir hätten niemals so schnelle Lockerungen des Lockdowns

erreicht, wenn der Widerstand durch Demonstrationen und Reaktionen in den sozialen Medien nicht so vehement zugenommen hätte. Dann hätten vermutlich die Berater aus der Pharmalobby das Ruder übernommen und dann hätte Deutschland durch die Corona-Krise einen völlig neuen politischen Kurs genommen. Wahrscheinlich würde es inzwischen bereits Zwangsimpfungen und Corona-Impfnachweise geben. Das ist natürlich reine Spekulation, doch viele Aussagen von Politikern, Medien und auch die Gesetzesentwürfe deuteten darauf hin, dass die Regierung mit diesen Maßnahmen in überhöhtem Maße liebäugelte.

Kapitel 8 – Symptome und Schutzmaßnahmen

Die Folgen der Corona-Pandemie wirken sich in fataler Weise aus und das nicht nur in den reichen Industrieländern. Millionen Menschen werden von ihren Einkommensquellen abgeschnitten. Durch die Pandemie sind außerdem globale Lieferketten bedroht, wodurch die Lebensmittelversorgung unterbrochen wird. Die Folge sind Hungersnöte, vor allem in den ärmsten Ländern der Welt.

David Beasley, der Leiter des Welternährungsprogramms, warnte vor dem UN-Sicherheitsrat: „Wenn wir uns nicht vorbereiten und jetzt handeln, um den Zugang zu Lebensmitteln zu sichern und den Ausfall von Finanzierungen sowie von Handelsbeziehungen zu verhindern, könnten wir in wenigen Monaten Hungersnöte von biblischem Ausmaß erleben. Während wir jetzt eine Corona-Pandemie haben, steht die Welt am Rande einer Hunger-Pandemie."[189]

Neuordnung unserer Gesellschaft

Diese Pandemie hätte es nie geben dürfen, denn nach allem, was wir inzwischen wissen, erleben wir zwar eine durchaus gefährliche Virusepidemie, doch sie rechtfertigt keinen wochenlangen Stillstand der weltweiten Wirtschaft. Jetzt gilt es – neben milliardenschweren Förderprogrammen – schnellstmöglich sämtliche Einschränkungen aufzuheben, damit Kleinunternehmer, Betriebe, der Einzelhandel und Konzerne wieder zum Tagesgeschäft übergehen können. In dieser Phase befinden wir uns seit Mai 2020, doch es läuft alles viel zu schleppend an.

Hier geht es nicht darum, wieder Geld zu verdienen, das wäre
zu kurz gedacht. Vielmehr muss nun sichergestellt werden,
dass nicht noch mehr Todesopfer zu beklagen sind. Nämlich
durch Hunger und auch durch Suizid derjenigen, die durch die
Maßnahmen der WHO – die den Regierungen dieser Welt im
Grunde keine andere Möglichkeit gelassen haben, als einen
globalen Stillstand einzuläuten – ihrer Existenz beraubt wurden und keinen Ausweg aus ihrem wirtschaftlichen Fiasko
mehr sehen. Vor allem darf es keinen weiteren Lockdown mehr
geben, denn das wäre der Genickbruch für die Welt, wie wir sie
kennen.

Doch es gibt noch weitere Gefahren. Die Verunsicherung innerhalb der Bevölkerung ist so groß wie schon lange nicht mehr.
Möglicherweise war sie noch nie so groß wie heute, mal abgese-
hen von Zeiten, in denen Kriege herrschten. Viele Menschen
haben das Vertrauen in ihre Regierung verloren. Diese Menschen aus den unterschiedlichsten sozialen Schichten werfen
der politischen Führung vor, sämtliche Corona-Maßnahmen
vorzuschieben, um letztlich das eigentliche Ziel zu erreichen:
Die Aufhebung der Grundrechte in weiten Teilen, die Beschneidung von Freiheitsrechten und das Ende des demokratischen
Systems.
   So brachte der Mundschutzzwang in Deutschland gewissermaßen das Fass zum Überlaufen. Er führte ab Mai zu vielen
Demonstrationen, deren Teilnehmer sich in einer Weise gegen
den Staat auflehnten, wie wir es in der neueren Geschichte dieses Landes noch nicht erlebten. Alle diese Menschen als Sonder-
linge, als verwirrte Verschwörungstheoretiker einzuordnen,
wäre zu kurz gedacht.
   Viele dieser Thesen zeigen die Ängste und das Misstrauen,
auch wenn die Vorwürfe noch so krude klingen mögen. Es bleibt
jedem selbst überlassen, ob er Theorien einer weltweit agieren-

den „Schattenregierung", die aus wenigen höchst einflussreichen Personen besteht und den jeweiligen Staatsoberhäuptern
sowie Regierungen vorgibt, wie sie sich zu verhalten haben,
Glauben schenken möchte. Für die Autoren dieses Buches
klingt diese These ebenso unglaubwürdig wie jene Verschwörungstheorie, demnach die Corona-Pandemie in erster Linie
dazu dienen sollte, die Menschheit auf eine neue Diktatur vorzubereiten. Derartige Gedankenspiele wurden über Wochen
hinweg vielfach in den sozialen Medien verbreitet und fanden
sich teilweise sogar in den sozusagen etablierten Medien wieder.

Letztlich bleibt es unerheblich, welche Meinungen einzelne
Menschen vertreten: Durch SARS-CoV-2 wurde eine Grenze des
Zumutbaren überschritten und der Preis, den die Verantwortlichen nun zahlen müssen, ist tiefes Misstrauen. Viele Menschen
glauben nicht mehr daran, dass sämtliche Corona-Maßnahmen
notwendig waren. Sie glauben nicht mehr daran, dass die Regierung Entscheidungen traf, die den Menschen helfen sollten.
Sie glauben vielmehr daran, dass diese Entscheidungen dazu
beitrugen, Persönlichkeitsrechte dauerhaft einzuschränken und
die umfangreiche Überwachung eines jeden einzelnen zu ermöglichen. Und vermutlich schließt inzwischen nur noch ein kleiner
Teil der Menschen in diesem Land die Möglichkeit aus, dass die
Regierung schon längst von den Lobbyisten unterwandert ist
und so gut wie keine politische Entscheidung getroffen wird,
ohne dass diese einen wirtschaftlichen Vorteil für eine bestimmte Gruppe an Unternehmen bringt.

Seit Mai 2020 begann sich eine Art „Anti-Stimmung" gegen
die damit verbundenen Maßnahmen innerhalb der Bevölkerung
auszubreiten. Hierbei handelt es sich nicht mehr um einen pas-
siven Widerstand, der lediglich mit Worten betrieben wird. Un-

sere Gesellschaft wurde zunehmend aggressiver. Es wurden
Polizisten angegriffen und verletzt, es wurden immer häufiger –
aus einem Protest heraus – Auflagen missachtet. Obwohl einzelne Taten lediglich wie Leuchtfeuer wirken, können sie sich
durchaus schnell zu einem Flächenbrand entwickeln. Wenn die
Regierung in Deutschland – und sicherlich auch jene in anderen
Staaten – darauf nicht mit viel Feingefühl reagiert, kann es zu
bewaffneten Übergriffen oder sogar zu bürgerkriegsähnlichen
Zuständen führen.

Derartige Überlegungen klingen verrückt und irrational? Das
dachten wir vor Corona auch. So gut wie niemand hätte noch
Mitte 2019 angenommen, dass in den kommenden 12 Monaten
ein Virus den gesamten Planeten völlig lahmlegen könnte. Dass
wir uns nicht mehr frei bewegen können. Dass wir zum Einkaufen einen Mund- und Nasenschutz tragen müssen. Dass wir
bestraft oder sogar verhaftet werden, falls wir uns nicht daranhalten.

Wir brauchen ein neues Vertrauen

Die Regierungen der Länder – allen voran die politische Führung in Deutschland – müssen nun wieder neues Vertrauen
aufbauen. Dazu zählt, auch jene Wissenschaftler anzuhören
und in die Diskussion miteinzubeziehen, die über die nötige
Fachkenntnis verfügen und bislang als Spinner und Verschwörungstheoretiker verunglimpft wurden. Dazu zählt außerdem,
sinnvolle Wirtschaftsprogramme voranzutreiben, die tatsächlich helfen, den vielen Unternehmern, Selbstständigen und natürlich auch den Arbeitnehmern die Angst vor dem wirtschaftlichen Ruin zu nehmen. Dazu zählen keine Programme, wie etwa
die Reduktion der Sektsteuer, die während der Entstehung dieses Buches in Österreich diskutiert wurde, um die Gastronomen
zu unterstützen.[190] Schließlich hilft keine Steuerersparnis auf

Produkte oder Dienstleistungen, wenn die Gastronomie, die Unternehmen oder die Einzelunternehmer keine finanziellen Mittel mehr besitzen, um überhaupt wieder eine geschäftliche Tätigkeit aufnehmen zu können. Anders ausgedrückt: Welchen Vorteil bringt für einen Wirt eine Steuerbefreiung auf Schaumweine, wenn er nur noch die Hälfte der Gäste in seinem Lokal bedienen kann und durch den Umsatzrückgang – und zwar jenen aus dem Lockdown und jenen, der anschließend dadurch entsteht, weil er nur noch die Hälfte seiner verfügbaren Plätze nutzen darf – nicht einmal mehr Sekt einkaufen kann?

Die Bevölkerung muss darauf vertrauen können, dass sämtliche Maßnahmen während der Corona-Krise notwendig waren und nun wieder aufgehoben werden, sofern sie tatsächlich überflüssig sind, sprich: keinen neuen Nährboden für massenhafte Neuinfektionen bieten. Das ist mit „neuem Vertrauen aufbauen" gemeint: Zurück zur Normalität und nicht mit dialektischer Raffinesse der Bevölkerung einreden zu wollen, dieser Zustand nach Installierung sämtlicher Corona-Maßnahmen wäre die neue Normalität!

Die Menschen sind nicht dumm, sie durchschauen derart perfide Tricks, selbst wenn diese in noch so wohlklingende Worte verpackt werden. Die Bevölkerung jetzt zu unterschätzen, nur um eine ganz bestimmte Agenda umsetzen zu wollen, ist wohl der schlechteste Weg, den die Regierung nun beschreiten könnte. Die Folge wäre vermutlich ein Aufstand gegen die Bundesregierung.

Nein, stattdessen sollte – muss – spätestens jetzt ein Kurs des offenen Austausches entstehen, um schnellstmöglich zu einem normalen Leben zurückzukehren. Ein Leben, das in seiner Qualität an die Zeit vor Corona erinnert und nicht an die Zeit danach. Dazu sollten jene Mediziner und Wissenschaftler mit ein-

bezogen werden, die bislang als Verschwörungstheoretiker denunziert wurden. Sie haben nämlich mittlerweile weitgehend
bewiesen, dass diese Maßnahmen größtenteils falsch waren.

Schließlich ist es nicht das erste Mal, dass Regierungsberater,
wie Christian Drosten, falsch lagen. Sie hatten sich mit ihren
Prognosen bei der Schweinegrippe geirrt und jetzt hat die deutsche Bundesregierung exakt diese Personen erneut als Berater
konsultiert.[191] Es ist keine Schande, Fehler zu begehen, doch es
ist eine Schande, Fehler immer wieder zu begehen. Genau das
macht die politische Führung in Deutschland, indem sie sich
ausschließlich auf jene Personen verlässt, die nachweislich vor
Jahren bereits versagt haben. Das bedeutet nicht, auf einen
Experten wie den Virologe Drosten – um nur ein Beispiel zu
nennen – komplett zu verzichten. Es bedeutet vielmehr, nicht
ausschließlich auf ihn zu hören und nur ihn in den Medien als
Sprachrohr der Bundesregierung darzustellen. Doch genau für
diesen Weg haben sich die Spitzenpolitiker in Deutschland entschieden und diese Strategie erwies sich als falsch.

Jetzt muss der Staat unverzüglich seine Fehler erkennen und
vor allem korrigieren, erst dann wird ihm das Volk verzeihen.

An dieser Stelle sei angemerkt, dass der Bundesregierung die
Entscheidung für einen großangelegten Lockdown nicht alleine
vorgeworfen werden sollte. Sie folgte schließlich den Empfehlungen der WHO, die mit der Ausrufung der Pandemie ganz
klar einen falschen Alarm ausgelöst hatte. Doch eine Regierung
sollte sich verpflichtet fühlen, eine derartige Entscheidung auch
zu prüfen und wissenschaftlich begründen zu können. Vor allem, wenn derartige Maßnahmen sogar die teilweise Aussetzung der Grundrechte zur Folge haben.

Das haben sie nicht gemacht. Bis zum heutigen Tag existiert
keine wissenschaftliche Prüfung der getroffenen Maßnahmen

und trotzdem bestehen noch immer Einschränkungen, die erst langsam und schrittweise gelockert werden.

Dieser Weg ist falsch und die Maßnahmen hätten sofort beendet werden müssen, nachdem sämtliche Daten den Rückgang der Infektionszahlen dokumentierten. Doch es gibt immer noch Abstandsregeln und Gastronomiebetriebe, die nur die Hälfte ihrer Kapazitäten nutzen dürfen, und dass, obwohl es nur noch wenige tausend Infizierte gibt. Sogar selbst wenn diese Zahlen höher liegen würden, rechtfertigt es keinen Lockdown, denn dann könnten wir diesen Weg auch bei jeder jährlich wiederkehrenden Influenza beschreiten. Derartige Maßnahmen sind einfach vollkommen überzogen, wie bereits dargestellt wurde.

Wir wurden bislang inzwischen mehrere Male von der Pharmaindustrie getäuscht. Es wurden uns Epidemien und Pandemien vorgegaukelt, die in der Lage wären, die Menschheit sterben zu lassen wie die Fliegen, wenn man den Pharma-Experten Glauben schenken möchte. Im Rahmen der Schweinegrippe wurde diesen Meinungen Glauben geschenkt und schließlich war allen klar, dass der angekündigte Pandemiesturm maximal eine sanfte Brise war. Doch es war egal, die Pharmaunternehmen hatten Milliarden daran verdient und sie zogen sich zufrieden und wohlgenährt wieder zurück. Das Frühstücksbuffet war reichlich mit Umsatzerlösen gedeckt und die großen Pharmakonzerne hatten sich damals daran richtiggehend sattgefressen.

Jetzt erscheint plötzlich ein neuer Tisch mit vielen frischen und saftigen Umsatzmilliarden und erneut trieft die Gier aus den Mündern der Pharmariesen. Auch diesmal wollen sie sich so richtig sattfressen, denn ihr Hunger ist beinahe unersättlich und für einen saftigen Happen sind sie bereit, einiges zu unternehmen. Sieben Milliarden Impfungen, ein gewaltiges Buffet.

In diesem Buch wurde aufgezeigt, wie die einflussreichen Lobbys arbeiten, um Stimmung innerhalb der Bevölkerung zu verbreiten. Es wurde bewiesen, welche Rolle die WHO dabei in der Vergangenheit spielte und wie sie auch aktuell vermutlich daran beteiligt war.

Wir brauchen keine Impfung gegen eine Erkrankung, die weit weniger Risiken verursacht als uns ständig vorgegaukelt wird. Risiken für unsere Gesundheit entstehen erst dann, wenn wir uns impfen lassen, aus Gründen, die in diesem Buch ebenfalls schon ausführlich erläutert wurden.

Wir dürfen uns nicht für dumm verkaufen lassen, sondern müssen auf einer wissenschaftlichen Grundlage agieren. Nur dann lässt sich das Vertrauen in weiten Teilen der Bevölkerung zurückgewinnen. Schaffen wir das nicht, kann es für das demokratische System schwerwiegende Folgen haben.

Dabei kommt auf Deutschland eine besonders schwierige Rolle zu, denn es sollte jetzt eine Vorreiterrolle einnehmen und allen anderen Staaten – in Europa und sogar weltweit – Hoffnung machen.

Warum gerade Deutschland? Weil es nicht nur zu den reichsten Ländern dieses Planeten zählt, sondern weil Deutschland nach dem Zweiten Weltkrieg bewiesen hat, dass es aus seinen Fehlern lernte und heute für viele Staaten in punkto Frieden, Besonnenheit und Dialogbereitschaft ein Vorbild ist. Zusätzlich gilt Deutschland als eines der einflussreichsten Länder innerhalb der EU, aber auch als Handelspartner, das mit seinen 83 Millionen Einwohnern zudem eine beachtliche Kaufkraft besitzt.

Den Euro retten

Die Corona-Krise entwickelte sich nicht nur innerhalb kürzester Zeit zu einer massiven wirtschaftlichen Bedrohung, sondern damit verbunden auch zu einer gewaltigen Bewährungsprobe für die weltweiten Finanzmärkte.

Weltweit wurden durch die Corona-Krise 19 Billionen Dollar vernichtet.[192] Der Dax stürzte sogar innerhalb von 28 Tagen um 40 Prozent ab und erlitt damit den schnellsten Absturz des Aktienmarktes in seiner Geschichte.[193] Doch nicht nur in Deutschland kollabierten die Finanzmärkte. Überall auf der Welt erlebten die Börsen ein wahres Debakel. So sank der Dow Jones im ersten Quartal 2020 um 23 Prozent. Eine Katastrophe für die einen, ein wahres Eldorado für Spekulanten und risikobewusste Investoren.[194]

Die Corona-Krise führte zu einer gewaltigen Belastungsprobe für sämtliche Staaten in Europa. Milliarden Euro müssen investiert werden, um das wirtschaftliche Desaster aufzufangen oder zumindest teilweise abzufedern und um existenzielle Katastrophen innerhalb der Bevölkerung auf einem erträglichen Niveau zu halten. Für ohnehin bereits wirtschaftlich geschwächte EU-Länder wie Spanien oder Italien könnte es in den nächsten Jahren zum endgültigen Genickbruch führen.

Dazu kommt, dass der Binnenmarkt während der „heißen" Phase, von März bis Mai, faktisch nicht mehr funktionierte. Was folgt, sind Rettungsschirme, um diese Länder vor dem Bankrott zu bewahren, ähnlich, wie es bereits bei Griechenland der Fall war.

Doch mit welchem Geld? Schließlich müssen sich selbst die reichen EU-Staaten wie Deutschland hochgradig verschulden, um die Probleme im Land halbwegs in den Griff zu bekommen.

Das alles könnte dazu führen, dass der Euro zum nächsten Opfer der Corona-Pandemie wird. Nur dann ist es nämlich den ärmeren Ländern möglich, das finanzielle Fiasko durch Geldentwertungen abzuwenden.

Doch wie wirkt sich dieser eventuelle Schritt auf die Weltwirtschaft aus? Die Szenarien sind so umfangreich, dass eine Prognose quasi unmöglich ist. Eine jahrelange, weltweite Rezension mit vielen Verlierern und nur wenigen Gewinnern scheint dabei am wahrscheinlichsten.

Darüber hinaus gibt es noch einen weiteren Effekt, den es zu beachten gilt: Einer der Grundgedanken der Europäischen Gemeinschaft mit einer gemeinsamen Währung besteht – neben der wirtschaftlichen Stärkung Europas gegenüber anderen Märkten, wie USA, China oder Indien – in der Wahrung des Friedens. Ein Bündnis vieler Länder in Kombination mit einer gemeinsamen Währung führt dazu, dass deren Teilnehmer eher miteinander als gegeneinander agieren. Verschwindet der Euro, könnte es auch das Aus für die EU bedeuten und damit das ohnehin dünne Band zerschneiden, das den Weltfrieden erhält.

Auf der anderen Seite könnte der Euro durch die Corona-Krise sogar noch gestärkt werden, auch dieses Szenario ist durchaus vorstellbar und es würde die Überlebensfähigkeit dieser Währung erhöhen.

Dazu sagte Ulrich Leuchtmann, Leiter der Devisenabteilung der Commerzbank, in einem Gespräch mit *Ideas TV*, dass die entscheidende Frage im Rahmen der Corona-Pandemie lautet, welche Auswirkungen dabei auf die Zinslandschaft der einzelnen Währungen entstehen. So war der US-Dollar mit dem kanadischen Dollar Anfang 2020 die Währung mit den höchsten Zinsen im Universum mit den zehn wichtigsten Währungen.

Der Dollar war also aufgrund seines Zinsvorteils attraktiv, im Gegensatz zum Euro mit seinen Negativzinsen. Nach Beginn der SARS-CoV-2-Pandemie gingen die Zinsen in den USA deutlich nach unten, wodurch der Dollar einige Einbußen an seiner Attraktivität hinnehmen musste. Auch beim Euro können die Zinsen noch sinken, doch in einem viel geringerem Ausmaß und das wiederum stärkt automatisch diese Währung.[195] Da für den Devisenmarkt der Zins das entscheidende Kriterium ist, könnte der Euro weltweit sogar zu neuer Stärke gelangen und das wiederum spricht gegen eine Abschaffung. Natürlich ist der Zins nicht das einzige Kriterium und es kommen andere Faktoren, wie verstärkte Staatsanleihen- oder Wertpapierankäufe durch die EZB oder das Auflegen von anderen Kreditfazilitäten, doch auch hier bleibt es eine reine Spekulation, wie sich derartige Maßnahmen auf die Währung auswirken.

Die EU will einen Superstaat

Boris Johnson, Premierminister von Großbritannien und EU-Kritiker, warf entsprechend einem Bericht in der *WELT* der Europäischen Union vor, einen europäischen Superstaat anzustreben.[196] Er zieht dabei Parallelen zu Adolf Hitler und Napoleon, die damals – nach seiner Ansicht – denselben Weg einschlugen. In der britischen Zeitung *The Sunday Telegraph* warf er der EU vor, sie wäre zum Scheitern verurteilt. „Napoleon, Hitler, diverse Leute haben das versucht, und es endete tragisch", sagte Johnson dem Blatt zufolge. „Die EU ist ein Versuch, dies auf verschiedene Weisen zu tun."

Er wirft dabei der EU vor, „dass es keine Loyalität zur europäischen Idee gebe. Es gibt keine einzige Behörde, die irgendjemand respektiert oder versteht. Das verursacht diese massive demokratische Leere." Nach seiner Ansicht beging die Europäische Gemeinschaft katastrophale Fehler, wodurch sich Spannungen zwischen den Mitgliedsstaaten verstärkt haben und Deutschland dadurch immer mächtiger wurde.

Großbritannien versucht nach dem Brexit augenscheinlich, die Spannungen zwischen den EU-Mitgliedsstaaten anzuheizen und vor allem Deutschland zu schwächen. Der Grund dafür ist leicht erkennbar, denn Deutschland zählt zu den mächtigsten Staaten innerhalb der Gemeinschaft und besitzt auf weltpolitischer Ebene viel Gewicht. Nach dem Austritt Großbritanniens muss sich dieses Land neu positionieren und wieder an Stärke gewinnen. Das wird dem Inselstaat nicht gelingen, solange ein wirtschaftlicher Wettbewerber, wie Deutschland, einen solchen Einfluss besitzt.

Man mag die Sticheleien von Boris Johnson mit einem Lächeln beiseiteschieben, doch in einer schwierigen Phase, wie es im Rahmen der Corona-Krise nun einmal der Fall ist, können derartige Angriffe tatsächlich innerhalb der EU Wirkung zeigen. Das gilt es unter allen Umständen zu vermeiden und man kann nur hoffen, dass sich die europäischen Regierungen besonnen verhalten und in den kommenden Jahren keine, auf kurzfristige Erfolge basierenden, Entscheidungen treffen. Dann wäre es nicht nur das Aus für das Europa, wie wir es kennen, sondern auch für Deutschland und der Schaden, der daraus folgt, wird nicht mehr reparabel sein.

Unnötige Entscheidungen inmitten der Krise

Wie groß die Gefahr von ad-hoc-Entscheidungen ist, zeigt bereits die Regierungsarbeit in Deutschland während der SARS-CoV-2-Pandemie. Inmitten der wohl heftigsten Einschränkungen, die dieses Land in den letzten Jahrzehnten hinnehmen musste, wurde beispielsweise urplötzlich ein neuer Bußgeldkatalog verabschiedet, mit teilweise drastischen Strafen für Verkehrsvergehen. Nur wenige Wochen später wurde dieser teilweise wieder revidiert.[197]

Es wurde – beinahe über Nacht – die Einführung der Maskenpflicht beschlossen und das, obwohl einige Organisationen die Sinnhaftigkeit dieser Masken zur Eindämmung von Neuinfektionen in Frage stellten. Darunter befand sich sogar die WHO selbst, wie in diesem Buch bereits in mehreren Stellen dargelegt wurde.

Es wird plötzlich ein Immunitätsausweis zur Gesetzesvorlage. Diese Idee wird jedoch wieder verworfen, nur um kurz darauf vom Gesundheitsminister Spahn erneut aufgegriffen zu werden. Das sind nur einige wenige Beispiele, die verdeutlichen sollen, welcher Aktionismus betrieben wurde, der wenig Professionalität erkennen lässt.

Natürlich, es steht außer Frage, dass in schwierigen Situationen Entscheidungen anstehen, die nicht immer bis ins letzte Detail durchdacht werden können. Das hat uns allen die Corona-Krise gelehrt. Doch Entscheidungen wie ein Bußgeldkatalog, wie ein Immunitätsausweis, die innerhalb weniger Tage zurückgenommen, überarbeitet und dann neu vorgeschlagen werden, zeigen letztlich, wie eine Regierung agiert, wenn sie in einer Situation überfordert ist. Wir erleben im Moment eine ad-hoc-Politik und das in einem Land, das für sein strukturiertes, besonnenes und wohlbedachtes Vorgehen international beinahe schon berühmt ist.

Wenn es in dieser weltweiten Krise nicht einmal Deutschland schafft, Stärke und Führungsqualitäten zu zeigen, wie werden sich dann wohl andere Staaten verhalten? Länder wie Italien, wie Spanien oder auch weitere Kräfte, die auf die EU direkt oder indirekt einwirken? Die USA beispielsweise oder Großbritannien? In welcher Form werden wirtschaftliche Großmächte versuchen, einen Vorteil aus dieser geschwächten EU zu ziehen? Staaten wie China oder Indien etwa?

Wenn die Europäische Gemeinschaft jetzt keinen Schulterschluss zeigt, könnte das zu katastrophalen Folgen führen und eine Kettenreaktion auslösen, vergleichbar mit einem Domino-Parcours, nachdem der erste Stein umfällt.

Falsche Pandemie

Diese Pandemie war von Anfang an falsch. Wäre sie richtig gewesen, stünde die Frage im Raum: Aus welchem Grund gab es nicht bereits in den Jahren 2017 und 2018 ebenfalls eine entsprechende Reaktion seitens der WHO? Damals sorgte – wie hinlänglich bekannt – eine weltweite Influenza-Welle innerhalb von drei Monaten für 25.000 Todesopfer alleine in Deutschland und sie galt als schwerste Grippewelle der letzten 30 Jahre. Warum gab es nicht bereits damals schon Ausgangsbeschränkungen und einen Lockdown, denn diese Influenza war – statistisch betrachtet – tödlicher für die Menschen als es bei SARS-CoV-2 der Fall ist?

Die Autoren wollen keineswegs die Gefahren kleinreden, die vom neuartigen Coronavirus ausgehen. Schließlich handelt es sich dabei um ein hochinfektiöses Virus, das auf jeden Fall älteren Personen und Menschen mit Vorerkrankungen gefährlich werden kann. Gleichzeitig sollte man die Kirche im Dorf lassen, denn derartige Risiken sind bei einer Influenza auch der Fall. Die Maßnahmen zur Eindämmung und Kontrolle von SARS-CoV-2 waren hoffnungslos überzogen. Es ist nicht wirklich klar, woher diese plötzliche Hysterie kam, die sämtliche Regierungen dazu veranlasste, derartige Entscheidungen zu treffen, denen weltweit Millionen Menschen zum Opfer fielen. Nicht durch Corona, sondern durch die Maßnahmen, die uns allen auferlegt wurden und den daraus resultierenden Folgen.

Über die Gründe zu spekulieren bleibt müßig, denn wir wissen nicht, warum wir plötzlich zu Hause bleiben und enorme wirtschaftliche Schäden hinnehmen mussten.

Damit wir gesund bleiben, daran kann es nicht alleine liegen. Denn dann müssten wir jedes Jahr eine Pandemie oder zumindest einen wirtschaftlichen Lockdown in Kombination mit Ausgangssperren erleben.

Ob es tatsächlich daran liegt, dass sich die WHO weitgehend im Würgegriff von Lobbyisten und Stiftungen befindet und alle diese Entscheidungen nur deshalb getroffen wurden, damit einige Personen noch reicher und manche Konzerne noch mächtiger werden? Auch das ist nur Spekulation, ein reines Gedankenspiel, denn Beweise dafür gibt es nicht. Inzwischen kursiert eine Menge an Vermutungen und Gerüchten über den wahren Grund für diese Pandemie und letztlich zeigt die Existenz dieser vielen Denkansätze nur eines: Die Menschen suchen nach Antworten, denn sie können mit dieser Unsicherheit nur schwer zurechtkommen. Die Unsicherheit darüber, dass wir alle zu einem Verhalten gezwungen wurden, dessen Sinn sich nicht erschließt.

Sogar die Zahlen der Todesfälle, die Infektionsraten, die Zahl der Infektionen selbst, all das wird inzwischen immer stärker von verschiedenen Wissenschaftlern weltweit in Frage gestellt.

Es geht an dieser Stelle um keine Leugnung, sondern um die Frage, wie weit diese Zahlen überhaupt stimmen. Dass Menschen an COVID-19 lebensbedrohlich erkranken und auch daran sterben, ist vermutlich allen klar. Doch das Misstrauen wächst mit jedem Forscher und Wissenschaftler, der den Mut aufbringt, die Korrektheit der Testkits anzuzweifeln, der die Statistiken in Frage stellt, weil diese zu viele fehlerhafte Berechnungen enthalten.

Im Laufe der Zeit wurden diese Stimmen immer lauter und wir benötigen noch Monate bis Jahre, um herauszufinden, wie verlässlich alle diese Informationen tatsächlich waren. Am Ende wird sich vermutlich herausstellen, dass es diese Pandemie niemals hätte geben dürfen, denn sie hat nicht mehr Menschenleben gerettet, sondern weitaus mehr Menschen das Leben gekostet.

So erscheint es verständlich, wenn einige Kritiker von einer „Lügen-Pandemie" sprechen, die von der WHO ausgerufen wurde. Sie basierte von Anfang an jedenfalls auf zweifelhaften Behauptungen, wie dieses Buch aufzeigt, und die Regierungen folgten ihr. Entweder aus Unwissenheit oder aus Mutlosigkeit. Mutlos deshalb, weil nur wenige Staaten die Kraft aufbrachten, sich gegen die „Empfehlungen" der WHO zu stellen und das normale Leben in ihrem Land weiterlaufen zu lassen. Staaten wie Schweden beispielsweise. Alle anderen Nationen folgten einer Art Herdentrieb und sie taten das, was andere machten: Sie schlossen die Bevölkerung weg und zerstörten das Wirtschaftsleben.

Ist diesen Regierungen ein Vorwurf zu machen? Nur bedingt, denn sie mussten sehr schnell eine Entscheidung treffen und es ist immer einfacher, mit dem Strom zu schwimmen. Wir haben eine Pseudo-Pandemie erlebt und nun können wir nur hoffen, diese halbwegs unbeschadet zu überleben.

Unverhältnismäßigkeit der Corona-Maßnahmen

Der Intensivmediziner Marc Christian Schäufele vom Universitätsspital in Zürich sagte in seinem Appell, dass er tagtäglich mit viel Angst konfrontiert wird. Er sieht häufig Patienten mit schweren Verläufen einer SARS-CoV-2-Infektion (COVID-19) und er veröffentlichte ein Video auf YouTube,[198] in dem er seinen Gedanken Luft verschaffte.

Das, was er dabei sagte, zeigt ein interessantes Bild aus der Sicht eines Mediziners, der unmittelbar von der Corona-Pandemie betroffen ist, deswegen wird sein Appell an dieser Stelle wiedergegeben:

„Das ist eine schwere Erkrankung. Die Patienten sind meistens beatmet, haben noch andere schwere Erkrankungen, die unterstützungspflichtig sind und viele Patienten werden diese Erkrankung auch nicht überleben. Aber aktuell sind mehr und mehr Patienten genesen, die Intensivstationen werden leerer und sie können in stabilem Zustand wieder zurück auf die Normalstationen verlegt werden. Hier muss die Medizin im Moment große Anpassungsfähigkeiten leisten und es zeigt sich zunehmend, dass diese Erkrankung doch anders verläuft, als man anfangs dachte. Das Lungenversagen ist in vielen Fällen anders charakterisiert und oftmals ähnelt es eher einer Gefäßerkrankung als einer Lungenerkrankung.

Aktuell sprechen alle Zahlen und Daten eher die Sprache, dass diese Grippewelle dieses Jahr vergleichbar ist mit anderen Grippewellen von Vorjahren. Sie verläuft teilweise sogar eher mild. Daher frage ich mich, was wollen wir mit der Zählerei tagtäglich erreichen? Das erzeugt Angst. Das einzige, dass meiner Meinung nach dadurch erreicht wird, ist Angst.

Was ist die Konsequenz aus diesen Zahlen? Dazu kommt diese ominöse Reproduktionszahl. Erst abgefallen, jetzt wieder angestiegen. Sie steigt jetzt natürlich an, weil die Testung massiv ausgeweitet wird. Das ist klar und es ist nachzulesen auf der Homepage des RKI.

Mir ist es wichtig, auf vier Punkte hinzuweisen. Das sind vier Tatsachen, die man so konstatieren kann. In diesen Zeiten ist es schwierig, so allgemeingültige Aussagen zu treffen, nach dem Motto: Es ist immer so, es ist nie so, es ist nicht gefährlich oder es ist gefährlich. Aber diese vier Punkte waren mir wichtig herauszustellen, um einfach die Angst zu nehmen.

- Für die überwiegende Mehrzahl aller Menschen besteht kein signifikant erhöhtes Risiko, an dieser Krankheit zu versterben.
- Der Schutz der Risikogruppen verhindert Bettenknappheiten auf Intensivstationen.
- Eine breite Isolation verhindert eine breite Immunisierung einer Population.
- Und, das ist entscheidend, weil dieser Punkt so aktuell ist: Es sterben aktuell Menschen aufgrund fehlender medizinischer Versorgung in anderen Bereichen. Auch in der Notfallmedizin ist es ein akutes Problem. Beispielsweise Herzinfarkte, Schlaganfälle, verzögerter Behandlungsbeginn bei Krebserkrankungen oder keine wahrgenommenen Vorsorgeuntersuchungen.

Das sind einfach vier Fakten, Tatsachen. Wir müssen feststellen, wenn man hier eine Risiko-Nutzenabwägung durchführt oder vielmehr den Schaden ins Verhältnis zum Nutzen setzt, ist der Schaden mittlerweile höher als der Nutzen und meiner Ansicht nach ist er das schon länger.

In so vielen Bereichen brechen Existenzen weg, fehlende medizinische Versorgung in anderen Bereichen hatte ich schon erwähnt. Das ist jetzt keine kurzfristige Folge, das ist nicht kurzfristig erkennbar, aber über die nächsten Jahre und Jahrzehnte auf jeden Fall sehr dramatisch. ... Wie geht es jetzt weiter? Meiner Meinung nach ist es die entscheidende ärztliche Aufgabe, jetzt Verantwortung und der Gesellschaft die Angst zu nehmen. Wir müssen für Vernunft einstehen. Wir machen ja tagtäglich nichts anderes in Krankenhäusern, in Praxen, in sonstigen Versorgungseinrichtungen. Wir versuchen Patienten, die zu uns kommen, die Ängste haben, diese Ängste zu nehmen."

Im Übrigen wurden nach einer Datenerhebung der Universität Birmingham weltweit etwa 28 Millionen medizinisch notwendige Eingriffe wegen der Corona-Pandemie verschoben.[199] Eine gewaltige Zahl an Operationen, die nicht – oder nur verspätet – stattfanden und daher bleibt die Frage offen, wie viele Todesfälle es gab, weil wichtige medizinische Eingriffe nicht durchgeführt wurden? Dagegen klingen die aus einem der früheren Kapitel in diesem Buch erwähnten 50.000 verschobenen Krebs-OPs in Deutschland beinahe lächerlich gering.

Angenommen, zehn Prozent von diesen 28 Millionen Menschen sterben, weil Tumore nicht entfernt wurden, Herzoperationen verschoben wurden und vieles mehr. Dann gibt es weltweit 2,8 Millionen Todesfälle zu beklagen, die durch eine übertriebene Corona-Hysterie auftraten.

Eine unfassbare Zahl, die man hätte vermeiden können, wenn von den jeweiligen Regierungen und den Medien keine so gewaltige Angst innerhalb der Bevölkerung erzeugt worden wäre. Sollte diese Annahme stimmen, dann übertrifft diese Zahl sogar noch die weltweiten Corona-Toten mit über 430.000 Todesfällen (Stand 15. Juni 2020) bei Weitem.[200]

204   Zum Schluss

Zum Schluss

In den Schlusstagen zur Entstehung dieses Buches gab es einige zusätzliche Ereignisse, die hier hinterfragt werden sollten.

Am 4. Mai 2020 fand – wie bereits im zweiten Kapitel ausführlich berichtet – eine Geberkonferenz statt, in dessen Rahmen 7,4 Milliarden Euro zusammengekommen waren, um die
Forschung an einem Impfstoff zu beschleunigen. Regierungen
von mehr als 40 Ländern leisteten dazu ihren finanziellen Beitrag und Deutschland sagte Gelder in Höhe von 525 Millionen
Euro zu. Ein Großteil der gesammelten Gelder geht an die
Weltgesundheitsorganisation (WHO) und an die *Globale Allianz
für Impfstoffe und Immunisierung* (Gavi) und – wer hätte es
gedacht? – an die *Bill and Melinda Gates Foundation*. Diese
Organisationen sollen sich um die entsprechende Zuwendung
kümmern, also darum, welche Unternehmen oder Forschungseinrichtungen etwas davon erhalten.

Es bleibt offen, nach welchem Schlüssel diese Gelder tatsächlich verteilt werden und was passiert, wenn nicht alle Gelder
verbraucht wurden beziehungsweise, wenn die gesamte Summe
weg ist und noch immer kein Impfstoff zur Verfügung steht.
Auch stellt sich die Frage, ob und in welcher Form Bill Gates
sogar noch zusätzlich davon profitiert, da er mit hoher Wahrscheinlichkeit an vielen Unternehmen, die mit der finanziellen
Unterstützung aus der Geberkonferenz bedacht werden, selbst
beteiligt ist.[201] Jedenfalls hat er bereits ein Ziel erreicht und im
Rahmen der Coronakrise eine Menge Geld erwirtschaftet, das
er natürlich entsprechend weiterverteilt. Keine Frage, denn das
machen Philanthropen: Sie agieren uneigennützig und zum
Wohle der Menschheit.

Der Vorwurf, den sich die EU-Kommission jedoch gefallen lassen muss, ist ein fehlendes Konstrukt, das auf die Verwendung
der Gelder achtet und insbesondere die Gates-Stiftung im Auge

behält. Es ist schwer verständlich, wie so ein immenses Ungleichgewicht von Macht von sämtlichen Regierungen einfach so hingenommen wird.

Möglicherweise handelt es sich bei dieser Stiftung um eine der wohltätigsten Organisationen auf diesem Planeten und Bill Gates ist letztlich im Kern ein wahrer Heiliger. Doch wir wissen nicht, ob das der Fall ist. Niemand weiß es – außer Bill Gates selbst. Deswegen braucht es Kontrolle über die Aktivitäten der Gates-Stiftung, vor allem, wenn öffentliche Gelder in irgendeiner Form – also, ob direkt oder indirekt – der Gates-Stiftung überlassen werden.

Es steht außer Frage, dass diese Stiftung selbst sehr viel Geld spendete. Doch nach der Geberkonferenz standen plötzlich riesige finanzielle Mittel in Höhe von 7,4 Milliarden Euro zur Verfügung, die letztlich von der Gates-Stiftung verwaltet werden. Ketzerisch ausgedrückt, ein gutes Geschäft. Am Ende soll niemandem etwas unterstellt werden, deswegen braucht es an dieser Stelle ein gesundes Maß an Kontrolle über die korrekte Verwendung dieser Gelder.

Weiterhin gab es einen richtigen Skandal in Deutschland, als plötzlich ein umfassendes Schreiben des Bundesinnenministeriums an die Öffentlichkeit gelangte. Auf 192 Seiten – die Kurzfassung umfasst immerhin noch 92 Seiten – ist eine angebliche interne Analyse zu lesen, die unter anderem dem Corona-Krisenmanagement eine verheerende Arbeit bescheinigt. Auch sind in dieser Veröffentlichung Analysen aus dem E-Mail-Verkehr mit Kollegen und Vorgesetzten und eine Einschätzung des Verfassers zur Gefahreneinschätzung und zu den verhängten Maßnahmen enthalten. Das Ergebnis ist mehr als ernüchternd: Die Gefahreneinschätzung war übertrieben, die Maßnahmen waren überzogen, denn die Entscheidungsgrundlage dafür war unzureichend und irreführend. Auch wird in diesem

Schreiben den Bundesbehörden eine ungenügende Vorbereitung attestiert und deswegen hätten sie falsch reagiert und auch die Politik falsch beraten. Außerdem kommt diese Analyse zu dem Schluss, dass sich die Bundesregierung auf zu wenige und einseitige Experten verlassen hatte. Insgesamt kommt in dieser Veröffentlichung als Ergebnis ein tiefes Misstrauen gegenüber Politik und Medien zum Ausdruck. Die Schlussfolgerung lautet, dass die Politik letztlich den Selbsterhalt statt den Bevölkerungsschutz im Fokus hatte und es ihr deshalb wichtiger erschien, die bisherige Politik zu rechtfertigen, statt die richtigen Entscheidungen zu treffen.

Eine niederschmetternde Analyse der bisherigen Situation, möchte man meinen.

Dieses Schreiben wurde um den 8. Mai herum veröffentlicht und war alsbald in sämtlichen sozialen Medien zu lesen. Da es eindeutig auf dem offiziellen Papier des Bundesinnenministeriums erstellt wurde, glaubte niemand an eine Fälschung. Mehr noch, die Echtheit schien augenfällig und somit gab es für viele Menschen einen klaren Hinweis, dass die Regierung ein doppeltes Spiel trieb: Auf der einen Seite wurde gewissermaßen die Bevölkerung mit unsinnigen Maßnahmen „drangsaliert", auf der anderen Seite war man sich wohl intern bewusst, dass es letztlich nur um politischen Selbsterhalt ging.

Es gab jedoch einen winzigen Schönheitsfehler: Es handelte sich dabei um kein offizielles Schreiben. Es gab keine Analyse des Innenministeriums. Dieses Schriftstück wurde von einer einzigen Person verfasst, die ihre ausschließlich private Meinung zu Papier brachte. Der Verfasser war Stephan Kohn, der das Projekt „Erneuerung der nationalen KRITIS-Strategie" leitete. Unter dem Begriff „KRITIS" wird behördenintern die kritische Infrastruktur Deutschlands verstanden.

Bald darauf sickerte in den Medien durch, dass er dieses Schreiben intern an verschiedene Personen, darunter seinen Vorgesetzten und sogar an Horst Seehofer, den Bundesinnenminister, weiterleitete. Dessen Büro lehnte es jedoch ab, seine Gedanken und Schlussfolgerungen an Seehofer weiterzuleiten.

Am 13. Mai äußerte sich die Bundeskanzlerin schließlich zu dieser Veröffentlichung und teilte mit, dass die Bundesregierung dessen Inhalte nicht teile, stattdessen zu anderen Ergebnissen als die Einschätzung Kohns kam.

Indes lässt sich jedoch feststellen, dass einige der Vorwürfe von Stephan Kohn nicht von der Hand zu weisen sind, doch letztlich bleibt dieses Schreiben keine offizielle Analyse des Bundesinnenministeriums, sondern Kohns persönliche Meinung. Durch die Verwendung der offiziellen Symbole des Ministeriums erweckte er den Anschein, es handle sich um ein offizielles Papier und damit lehnte er sich zu weit aus dem Fenster: Gegen Stephan Kohn wurde ein Dienstverbot verhängt – er zahlte somit einen hohen Preis für die Veröffentlichung seiner Einschätzungen und Ansichten.[202]

Am 17. Mai 2020 veröffentlichte Samuel Eckert, CEO eines Schweizer Unternehmens für Cloud-Lösungen, eine interessante Analyse. Der Diplomingenieur für Luft- und Raumfahrt beschäftigte sich mit der Übersterblichkeit im Rahmen der Corona-Krise, die im April 2020 in vielen Medien mit über 10 Prozent in Deutschland im Vergleich zu den vorangegangenen Jahren kolportiert wurde. Demnach verstarben mehr als 10 Prozent der Menschen über dem üblichen Durchschnitt wegen COVID-19.

Samuel Eckert verglich diese Zahlen taggenau, und zwar auf Basis des Bundesamtes für Statistik, verglich sie mit den Vorjahren und kam zu einem völlig anderen Ergebnis. Nämlich auf eine Untersterblichkeit in 2020 von 1,45 Prozent. Mehr noch, die Entwicklung im April 2020 lag sogar um 5 Prozent niedriger im Vergleich zu 2018. In einem Video auf YouTube[203] sagte Samuel Eckert: „Es kommt also nicht das Ende der Welt über uns, wie Christian Drosten behauptet. Zusätzlich zeigt diese Statistik nicht, woran diese Menschen gestorben sind. Vor allem hinsichtlich der „neuen" Situation, bedingt durch Ausgangseinschränkungen, Lockdown und durch verschobene sowie ausgesetzte notwendige Operationen und Behandlungen. Sie zeigt nicht, wie viele Menschen in Altenheimen starben, weil man sich nicht mehr ausreichend um sie kümmern konnte, wie viele an Herzinfarkt starben, weil sie nicht mehr die richtige Behandlung erhielten und vieles mehr. Die Frage an dieser Stelle lautet vielmehr: Wie viele Personen starben bislang an den Folgen, die durch die Maßnahmen der Regierung während der Corona-Krise erfolgten. Sozusagen Todesfälle als Kollateralschäden der Corona-Pandemie."

Die Veröffentlichung von Samuel Eckert zeigt, wie wichtig es ist, auf korrekte Zahlen, Analysen und Vergleiche zu achten. Sehr schnell werden scheinbare Fakten von den Medien veröffentlicht, die sich bei genauerer Betrachtung als haltlos entpuppen. Gleichzeitig wird dadurch jedoch eine Stimmung in der breiten Bevölkerung erzielt, die das SARS-CoV-2 Virus, mit seinen ganzen Auswirkungen, als etwas darstellt, das es überhaupt nicht zu sein scheint: eine Art moderne Pest, an der wir alle sterben werden.

Die einzige Chance zu überleben besteht darin, die Geschäfte zu schließen, die Wirtschaft dadurch zu ruinieren, sich nicht mehr auf die Straße zu wagen und wenn doch, dann mit großem Abstand zueinander und gleichzeitigem Tragen von Mund- und Nasenschutz.

Aber war es tatsächlich so? Mussten diese Maßnahmen unbedingt stattfinden oder wurde uns teilweise eine Wirklichkeit –

wenn auch unwissentlich – vorgegaukelt, die es niemals in dieser Form gab?

Aus diesem Grund wurde dieses Buch geschrieben. Es soll aufzeigen, dass es diese Pandemie niemals hätte geben dürfen. Erst durch diesen Schritt entstanden Effekte, die weltweit viele Todesopfer verursachten. Unzählige Menschen, sogar ganze Wirtschaftsbereiche wurde in den Ruin getrieben oder stehen aktuell kurz davor. Natürlich soll dieses Virus nicht verharmlost werden, denn es stellt für bestimmte Personengruppen eine durchaus große Gefahr dar, doch wir hätten von Anfang an mit Augenmaß vorgehen müssen. Wir hätten auf verschiedene Experten hören und deren Meinungen ernst nehmen sollen und wir hätten nicht auf lediglich eine Handvoll von Menschen hören dürfen, die sich schon Jahre zuvor – in einer ähnlichen Situation – irrten. Diese Pandemie hatte kein faktisches Fundament und aller Wahrscheinlichkeit nach wurde sie inszeniert, um in erster Linie die wirtschaftlichen Interessen einiger weniger Unternehmen und Organisationen zu vertreten.

Wir sollten daraus lernen, denn in Zukunft werden wir immer wieder mit Viren zu kämpfen haben, die unsere Gesundheit bedrohen. Es wird ein COVID-20 oder COVID-21 geben, davon muss man ausgehen. Doch dann sollten wir nicht blindlings alle Menschen wegsperren, sondern wir sollten dann wohlüberlegt vorgehen und dabei das Wohl aller Menschen im Blick behalten. Genau das ist nämlich diesmal – im Jahr 2020 – nicht passiert.

Kapitel 9 – Abschließende Worte

Nachdem das neuartige Coronavirus Europa erreichte und die deutsche Bundesregierung damit begann, erste Maßnahmen anzukündigen, konnten wir – die Autoren – die Haltung der Regierung zunächst einmal durchaus nachvollziehen. Schließlich gab es ganz zu Beginn der Coronakrise so gut wie keine verlässlichen Statistiken und verwertbaren Informationen aus anderen Ländern. Wir waren somit von den Empfehlungen des RKI, den täglichen Berichten in den Medien und den Beratern der Regierung abhängig.

Zu Beginn positiv

Im Laufe der folgenden Wochen kamen jedoch immer mehr widersprüchliche Informationen auf. Ein gewaltiger Anstieg an Sterbefällen in Italien und in Spanien, völlig überlastete Krankenhäuser und viele weiterer Horrormeldungen. Das alles passte wiederum nicht mit den Meldungen zusammen, die in China veröffentlicht wurden und auch nicht mit Nachrichten von befreundeten Ärzten und Krankenhausmitarbeitern in größeren Kliniken in Deutschland oder in Österreich.

Erstes Misstrauen kam auf, wie weit diese ganzen Informationen überhaupt stimmen konnten. Auf der anderen Seite wäre es nicht verwunderlich, wenn China Statusmeldungen über die Entwicklung der Corona-Ausbreitung nur ausgesprochen zurückhaltend weitergibt und die Nachrichten, die uns persönlich erreichten, lediglich einen winzigen und damit auch nicht repräsentativen Teil der Gesamtsituation zeigten.

Deshalb begannen unsere Recherchen und je mehr wir über sämtliche Hintergründe zur Coronakrise in Deutschland und anderen Ländern erfuhren, umso klarer wurde das Bild. Wir sind davon überzeugt, dass SARS-CoV-2 kein „Killervirus" ist, wie uns die Medien und einige Berater der Bundesregierung glauben machen wollten. Es handelt sich um ein hochansteckendes Virus, das steht fest. Wenn die Krankheit COVID-19 ausbricht, dann stellt diese für eine bestimmte Personengruppe in der Tat ein lebensbedrohliches Risiko dar. Diese Personengruppen sind in erster Linie ältere Menschen sowie Menschen mit bereits vorhandenen Erkrankungen, die das Immunsystem schwächen. Das bedeutet nicht, dass COVID-19 für alle anderen Menschen völlig harmlos ist. In diesem Fall lässt es sich mit einer Influenza vergleichen, ohne dass wir das neuartige Coronavirus mit einer Grippe gleichstellen wollen. Eine Influenza ist normalerweise hochinfektiös, wodurch sich sehr viele Menschen anstecken und sie kann bei bestimmten Personengruppen lebensgefährlich verlaufen, allerdings eben nur in speziellen Fällen.

Selbstverständlich kommt es da wie dort zu Todesfällen von Personen, die nicht in diese Risikogruppe fallen. Das kommt vor, so tragisch es für sie und ihre Angehörigen auch ist. Jedoch handelt es sich weder bei SARS-CoV-2 noch bei Grippe um „Killerviren". Doch genau das wollte man uns eintrichtern: Es wurde Angst innerhalb der Bevölkerung erzeugt, und zwar eine vollkommen überzogene Angst. Erst dadurch konnten die rigorosen und unserer Ansicht nach komplett übertriebenen Maßnahmen zur Eindämmung des neuartigen Coronavirus umgesetzt werden.

Kritische Sichtweise

Wir behaupten, dass Angstmache zur Strategie gehörte, um die unsäglichen Ausgangsbeschränkungen und vor allem den Lockdown erst umzusetzen. Wir denken auch, dass diese Strategie dazu dienen soll, um die Menschen auf die bevorstehenden Impfaktionen vorzubereiten, sobald ein Impfstoff verfügbar ist. Aus diesem Grund haben wir dieses Buch geschrieben, denn wir wollen ein umfassendes Bild vermitteln, damit sich jeder selbst eine Meinung über SARS-CoV-2 und über COVID-19 bilden kann. Wir wollen unseren Lesern den übertriebenen Schrecken vor diesem Virus nehmen, ohne jedoch die ganze Situation zu verharmlosen.

Die Maßnahmen müssen mit sofortiger Wirkung und vollständig beendet werden und die Regierung muss den Menschen, Unternehmern und Selbstständigen finanzielle Entschädigungen zahlen, da dieser künstlich herbeigeführte Kollaps niemals zu rechtfertigen ist. Wir wurden Zwangsmaßnahmen ausgesetzt, die nicht notwendig waren, das haben wir in diesem Buch hinreichend dargelegt.

Bis zum Entstehen dieses Buches ist jedoch nichts dergleichen passiert, im Gegenteil: Aktuell findet eine erneute Panikmache statt, diesmal in Nordrhein-Westfahlen.

Ministerpräsident Armin Laschet wird wissen, dass SARS-CoV-2 kein Killervirus ist, trotzdem „riegelt" er Landkreise ab, weil in einem Betrieb eine größere Zahl an Neuinfektionen getestet wurde. Warum macht er das? Will er der nächste Bundeskanzler werden und deswegen aktuell besondere Führungsqualitäten zeigen?

Vergleichen wir jetzt einmal die Situation mit Grippeviren: Wurden in der Vergangenheit ganze Landkreise mit Ausgangseinschränkungen oder Ausgangssperren belegt, weil sich eine größere Anzahl von Menschen mit Grippeviren infizierte? Weil einige von ihnen sogar an Influenza erkrankten, eine Erkrankung, die man tunlichst nicht unterschätzen sollte? Nein.

Wenn das neuartige Coronavirus so gefährlich ist, wie es uns dargestellt wird, warum gab es nach den „Black Life Matters"-Demonstrationen im Juni 2020 mit insgesamt etwa 200.000 Teilnehmern in ganz Deutschland[204] keinen massenhaften Anstieg an Coronafällen? So betrachtet müsste es inzwischen beinahe eine halbe Million Neuinfektionen geben mit tausenden weiteren Toten, oder nicht? Das alles ist nicht passiert, weil die Menschen zu weiten Teilen Mund- und Nasenschutz trugen? Auch wenn Studien bewiesen haben, dass diese Maßnahme, wenn überhaupt, nur geringfügigen Schutz bietet, wie in diesem Buch bereits beschrieben?

Die Geschichte vom Killervirus ist vorbei und das sollte uns allen klar sein. Selbstverständlich gab es viele Infektionen und es gab auch verheerende Krankheitsverläufe mit COVID-19, das steht außer Frage. Doch der Punkt ist, das alles erleben wir jedes Jahr, wenn die Grippewelle über uns hinwegzieht.

Vor zwei Jahren gab es – wie bereits in diesem Buch geschrieben – eine Grippewelle mit 3,8 Millionen Infizierten in Deutschland. Das ist in etwa zwanzig Mal so viel wie es Corona-Infektionen gab. Wurde bislang bei so hohen Infektionszahlen – mit weit mehr Todesfällen – ganze Wohnkomplexe abgeriegelt, wie es in Göttingen geschah? Nein. Die Frage stellt sich, warum es nicht der Fall war, denn von den reinen Zahlen her – statistisch betrachtet – ist eine Grippewelle gleichermaßen gefährlich, oder?

Damals, 2018 und auch die Jahre zuvor, flimmerten keine Schreckensnachrichten von tausenden Toten weltweit über die heimischen Bildschirme. Keine Virologen mit ernster Miene warnten uns vor einem Massensterben, wenn wir jetzt nicht sofort unser Gesicht maskieren, überspitzt formuliert.

Der Unterschied zwischen COVID-19 und Influenza besteht vor allem darin, dass es bei Ersterem noch keinen Impfstoff gegen das Virus gibt. Es geht bei dem Coronavirus um unglaublich viel Geld. Viele Milliarden Euro, die für einige Pharmaunternehmen, Hedgefonds, Investoren und Aktionäre förmlich zum Greifen nahe sind. Damals bei der Schweinegrippe hat alles schon recht gut geklappt. Da konnten viele dieser Beteiligten eine Menge Geld verdienen. Die Schweinegrippe war die Generalprobe, das neuartige Coronavirus ist nun die perfekte Kür. Und die gilt es scheinbar so lange am Kochen zu halten, bis endlich ein Impfstoff verfügbar ist und die vielen Milliarden Euro schließlich eingesackt werden können.

Und was eignet sich besser, um die Angst vor dem Virus weiterhin aufrecht zu erhalten? Die Gefahr einer zweiten Corona-Welle heraufzubeschwören, denn genau das findet seit Juni 2020 verstärkt statt.

Dr. Wolfgang Wodarg lieferte dazu das passende Zitat: „Die zweite Welle ist so, als beobachte man am Ufer der deutschen Nordsee eine kleine Welle und wartet gleichzeitig auf einen Tsunami."

Das ist es, was der Bevölkerung seit Juni 2020 eingeimpft werden soll, nämlich ein neuerlicher Corona-Ausbruch, obwohl nichts darauf hinweist. Die Angst soll am Köcheln bleiben.

Am Ende dieses Buches wird Dr. Sucharit Bakhdi nochmals erwähnt, der in einem Interview mit dem Schauspieler Sky du Mont Folgendes sagte: „Eine Pandemie ist per Definition eine Epidemie von nationaler Tragweite. Damals, bei der Schweinekrippe, gab es alles, nur eines nicht: Sie war nicht besonders gefährlich. Die Verläufe waren sogar leichter als bei einer normalen Grippe. Da hatte die WHO ein Problem, denn sie wollte so gerne eine Pandemie ausrufen. So hat die unselige Generaldirektorin der WHO, Frau Dr. Margret Chan, die Definition der Pandemie geändert. Eine Pandemie kann einen leichten oder einen schweren Verlauf haben. Ab jetzt könnte man auf jede Erkältung eine Pandemie ausrufen. Aber das wird dann zu lächerlich sein und das würden „uns" (Anmerkung: der WHO) nicht abkaufen. Dann hat die WHO nochmal die Definition der Pandemie geändert: „Eine Pandemie ist die globale Ausbreitung eines neuen Erregers. Punkt! Und ab jetzt war die Bahn frei. Bahn frei!"[205]

Mit „Bahn frei" drückt er den Klammergriff aus, in dem sich die WHO befindet. Nämlich im Griff der privaten Geldgeber, der Pharmaunternehmen, der einflussreichen Stiftungen und ihrem verlängerten Arm, den Lobbyisten. Der Weltgesundheitsorganisation bleibt allen Anschein nach nicht viel übrig, als sich dem Druck dieser Geldgeber – zumindest teilweise – zu unterwerfen, die wiederum ihre ganz eigenen Interessen im Blick halten. Durch den Austritt der USA aus der WHO nimmt dieser Druck garantiert weiter zu, denn diese Organisation benötigt Geld, um überhaupt existieren zu können. Die Beiträge der USA fallen nun weg und dieses finanzielle Loch werden sicherlich erneut private Geldgeber und Stiftungen füllen und die Weltgesundheitsorganisation muss aufpassen, nicht zum Handlanger der Gesundheitslobbyisten zu verkommen.

Häufigste Todesursache durch COVID-19?

In den Medien wird seit Anfang Juli 2020 immer wieder kolportiert, COVID-19 könnte zu den Krankheiten mit den weltweit höchsten Todeszahlen aufsteigen.

Dass an dieser Behauptung relativ wenig dran ist, sollen die folgenden Überlegungen verdeutlichen:

Bislang starben im Jahr 2020 weltweit (Stand: Juli 2020)[206]
* 929.000 Menschen an HIV/AIDS,
* 4,5 Millionen Menschen an Krebserkrankungen,
* 2,7 Millionen Menschen an den Folgen des Rauchens,
* 1,4 Millionen Menschen durch Alkoholkonsum.

Insgesamt sterben weltweit jährlich durchschnittlich[207]
* 9,6 Millionen Menschen an Herzerkrankungen,
* 5,7 Millionen Menschen an Schlaganfällen,
* 3 Millionen Menschen an chronischen Lungenerkrankungen,
* 1,6 Millionen Menschen an Diabetes,
* 1,4 Millionen Menschen durch Verkehrsunfälle.

Die offizielle Statistik weist bislang etwa 600.000 Todesfälle durch COVID-19 aus.

Wie man also leicht erkennen kann, handelt es sich bei jeder dieser Schreckensmeldungen über die Todeszahlen zu COVID-19 um falsche Fakten. Dazu kommt, dass die Zahl der tatsächlichen Mortalität von COVID-19 bislang noch völlig unklar ist. Wenn man nach den Erkenntnissen von Prof. Dr. Püschel geht, der über 200 Corona-Verstorbene obduzierte, dann gibt es keinen einzigen Menschen, der direkt an COVID-19 verstarb. Auch das kann als Statistik verstanden werden. Inwieweit diese Erkrankung ein Ableben beschleunigte, bleibt bislang ebenso lediglich Spekulation.

An dieser Stelle soll nichts kleingeredet werden, gleichzeitig wird vor übertriebener Panikmache gewarnt, mit der Empfehlung, alle diese Meldungen kritisch zu hinterfragen.

Die Rolle Deutschlands

Entweder Deutschland schafft es, gemeinsam mit Europa, die Pandemiekriterien der WHO wieder auf einen vernünftigen Rahmen umzuändern. Einen Rahmen, der nicht automatisch einer nie enden wollenden Geldquelle der Pharmaindustrie gleichkommt. Oder, falls dies nicht gelingt, sollten alle Regierungen der EU die Zahlung sämtlicher Beiträge an die Weltgesundheitsorganisation einstellen und mittelfristig aus dieser Organisation austreten. Das wäre dann ein konsequenter und notwendiger Schritt.

Es kann nur jedem empfohlen werden, jegliche Virus-Epidemie immer ernst zu nehmen, sich jedoch niemals unbegründet die Grundrechte einschränken oder wegnehmen zu lassen. Nur wenn wir alle die politischen Entscheidungen sachlich und gleichzeitig mit dem nötigen Augenmaß kritisch hinterfragen, werden wir derartige Krisen bewältigen, ohne dass unschuldige Opfer auf der Strecke bleiben. Das bedeutet natürlich: Wir alle sind verpflichtet, die Gesetze des Landes, in dem wir leben, einzuhalten. Auch das steht außer Frage.

So kann es nicht angehen, dass plötzlich Corona-Infizierte von politischen Wahlen ausgeschlossen werden, wie es in Spanien im Juli 2020 der Fall war.[208] Derartige Entscheidungen kommen einer Diskriminierung gleich und dürfen von der Bevölkerung nicht einfach so hingenommen werden. Dagegen gilt es zu protestieren und den Druck auf die Regierung so lange zu erhöhen, bis wieder eine demokratische Normalität einkehrt.

Das Finale der Coronakrise?

Ganz zum Schluss kommt noch eine finale Information: Die Staaten Deutschland, Italien, Frankreich und die Niederlande haben bereits jetzt einen Vertrag über den Ankauf von mindestens 300 Millionen Impfdosen gegen das Coronavirus mit dem Pharmariesen *AstraZeneca* geschlossen.[209] Noch bevor der Impfstoff überhaupt Marktreife erlangt hat.

Das bedeutet, die Pharmalobby hat – zumindest teilweise – ihr Ziel schon erreicht und jetzt wird wohl auch bald ein Ende der Pandemie abzusehen sein. Jedenfalls dann, wenn genügend Umsatz erwirtschaftet wurde.

Quellenangaben und Anmerkungen

Kapitel 1 – Die WHO

[1] https://www.theguardian.com/world/2020/jun/05/covid-19-causing-10000-dementia-deaths-beyond-infections-research-says

[2] https://de.wikipedia.org/wiki/Tedros_Adhanom_Ghebreyesus

[3] https://www.modernghana.com/news/954953/did-ghebreyesus-committed-crime-against-humanity.html

[4] https://www.modernghana.com/news/954953/did-ghebreyesus-committed-crime-against-humanity.html

[5] https://www.focus.de/finanzen/news/tedros-adhanom-ghebreyesus-politisch-abhaengig-fehler-in-corona-krise-das-problem-der-who-ist-nicht-china-sondern-ihr-eigener-chef_id_11889145.html

[6] https://www.dw.com/de/dr-tedros-nur-im-ausland-ein-prophet/a-38974699

[7] https://www.theafricareport.com/11080/ethiopias-china-challenge/)

[8] https://www.focus.de/finanzen/news/tedros-adhanom-ghebreyesus-politisch-abhaengig-fehler-in-corona-krise-das-problem-der-who-ist-nicht-china-sondern-ihr-eigener-chef_id_11889145.html

[9] https://www.dw.com/de/eine-chinesin-soll-die-welt-kurieren/a-2299306

[10] https://www.spiegel.de/politik/ausland/coronavirus-who-weltkrankheitsorganisation-a-29c74432-aea1-4f9a-b1ff-fcc4bb43cc4e)

[11] https://www.die-tagespost.de/politik/aktuell/WHO-Wie-China-die-Strippen-zieht;art315,207348

[12] https://www.bundesgesundheitsministerium.de/service/begriffe-von-a-z/w/weltgesundheitsorganisation-who.html

[13] https://www.lexas.org/w/who/

[14] https://www.focus.de/finanzen/news/tedros-adhanom-ghebreyesus-politisch-abhaengig-fehler-in-corona-krise-das-problem-der-who-ist-nicht-china-sondern-ihr-eigener-chef_id_11889145.html

[15] https://de.wikipedia.org/wiki/Weltgesundheitsorganisation

[16] http://oval.media/de/projects/trustwho/

[17] https://www.spiegel.de/politik/ausland/who-skandaloese-machenschaften-der-tabakindustrie-a-87611.html

[18] https://www.welt.de/wissenschaft/schweinegrippe/article7152380/Der-Experte-der-30-000-Deutsche-sterben-sah.html

[19] Film: Trust WHO

[20] Film: Trust WHO

[21] https://news.yahoo.com/more-100-countries-calling-independent-125209556.html))

Kapitel 2 – Die Geldgeber der WHO

[22] Audited Financial Statement for the year ended 31 December 2018 (A72/36))

[23] https://www.deutschlandfunkkultur.de/unabhaengigkeit-der-weltgesundheitsorganisation-gefaehrdet.976.de.html?dram:article_id=423076

[24] Mit dem Aussetzen der USA-Beiträge wird dieser Prozentsatz noch weiter steigen.

[25] https://www.deutschlandfunkkultur.de/unabhaengigkeit-der-weltgesundheitsorganisation-gefaehrdet.976.de.html?dram:article_id=423076

[26] https://www.gatesfoundation.org/Who-We-Are/General-Information/Leadership/Executive-Leadership-Team

[27] https://www.deutschlandfunkkultur.de/unabhaengigkeit-der-weltgesundheitsorganisation-das-dilemma.976.de.html?dram:article_id=423076

[28] https://pubmed.ncbi.nlm.nih.gov/28188123/

[29] https://childrenshealthdefense.org/news/the-bill-gates-effect-whos-dtp-vaccine-kills-more-children-in-africa-than-the-diseases-it-targets/

[30] https://www.cdc.gov/mmwr/preview/mmwrhtml/mm5948a3.htm

[31] https://www.npr.org/sections/goatsandsoda/2017/06/28/534403083/mutant-strains-of-polio-vaccine-now-cause-more-paralysis-than-wild-polio

[32] https://www.gatesfoundation.org/Media-Center/Press-Releases/2020/02/Bill-and-Melinda-Gates-Foundation-Dedicates-Additional-Funding-to-the-Novel-Coronavirus-Response

[33] https://www.kiro7.com/news/local/bill-gates-says-foundation-will-invest-billions-fight-stop-covid-19/MMAFTSVGKZHPTEGYKEQKMRWTWU/

[34] https://www.ndr.de/ratgeber/gesundheit/Coronavirus-Wann-kommt-ein-Impfstoff-gegen-Sars-CoV-2,coronaimpfstoff100.html

[35] https://www.mopo.de/hamburg/wegen-millionenfoerderung-von-bill-gates-hamburger-top-anwalt-greift-den--spiegel--an-36749112

[36] https://www.pharmazeutische-zeitung.de/ausgabe-492010/lukrativ-fuer-die-hersteller-teuer-fuer-die-kassen/

[37] https://www.gatesfoundation.org/How-We-Work/Quick-Links/Grants-Database#

[38] https://www.n-tv.de/panorama/23-58-Franziskus-segnet-wieder-Pilger-auf-dem-Petersplatz--article21801201.html

[39] https://www.helmholtz-hzi.de/de/aktuelles/news/news-detail/article/complete/helmholtz-zentrum-fuer-infektionsforschung-erhaelt-projektfoerderung-der-bill-und-melinda-gates-stif/

[40] https://www.youtube.com/watch?v=XVzAJC-axSo&t=7s

[41] https://www.heise.de/tp/features/Ueber-Impfstoffe-zur-digitalen-Identitaet-4713041.html?seite=all

[42] https://de.wikipedia.org/wiki/Coalition_for_Epidemic_Preparedness_Innovations

[43] https://www.derstandard.de/story/2000105775326/buffett-spendet-weitere-milliarden-an-gates-stiftung

[44] http://www.fliegerweb.com/de/news/Airliner/Boeing+gibt+neue+Listenpreise+bekannt-13694

[45] https://www.focus.de/politik/ausland/analyse-unseres-partner-portals-economist-die-welt-nach-covid-19-bill-gates-ueber-die-bekaempfung-kuenftiger-pandemien_id_11993365.html

[46] https://www.deutsche-apotheker-zeitung.de/daz-az/2019/daz-12-2019/jahrhundertreformiert

[47] https://www.tagesspiegel.de/wirtschaft/aok-chef-martin-litsch-im-interview-die-zusatzbeitraege-werden-weiter-steigen/12872888.html

[48] https://www.tagesspiegel.de/gesellschaft/medien/akte-d-zur-pharmainddustrie-pillendrehers-paradies/13427302.html

[49] https://www.youtube.com/watch?v=TZDgjPWfZUg

[50] https://finanzmarktwelt.de/pandemie-anleihen-vor-dem-ausfall-das-geschaeft-mit-katastrophen-159364/

Kapitel 3 – Was ist SARS-CoV-2?

[51] https://www.helmholtz-hzi.de/de/wissen/themen/keime-und-krankheiten/coronaviren/

[52] https://www.thelancet.com/journals/lancet/article/PIIS0140-6736(20)30183-5/fulltext

[53] https://www.futurezone.de/science/article228830889/Shrimp-Verkaeuferin-ist-Patient-Zero-Coronavirus-Ursprung-koennte-identifiziert-sein.html

[54] http://english.whiov.cas.cn/About_Us2016/Brief_Introduction2016/

[55] https://www.gesetze-im-internet.de/biostoffv_2013/__3.html

[56] https://de.wikipedia.org/wiki/Wuhan_Institute_of_Virology

[57] https://www.med.uni-magdeburg.de/News/Aktuelles+zum+Coronavirus+%282019_nCoV%29/Fragen+und+Antworten+zum+Coronavirus.html

[58] https://www.n-tv.de/politik/War-die-Corona-Pandemie-ein-Laborunfall-article21722899.html

[59] https://www.n-tv.de/politik/War-die-Corona-Pandemie-ein-Laborunfall-article21722899.html

[60] https://www.heise.de/tp/features/Coronavirus-Made-in-China-oder-Made-in-the-USA-4682880.html?seite=all

[61] https://science.sciencemag.org/content/367/6477/492.full

[62] https://www.med.uni-magdeburg.de/News/Aktuelles+zum+Coronavirus+%282019_nCoV%29/Fragen+und+Antworten+zum+Coronavirus.html

[63] https://www.rki.de/DE/Content/InfAZ/N/Neuartiges_Coronavirus/Steckbrief.html#doc13776792bodyText8

[64] https://www.tagesschau.de/inland/johns-hopkins-uni-corona-zahlen-101.html

[65] https://de.statista.com/statistik/daten/studie/1103785/umfrage/mortalitaetsrate-des-coronavirus-nach-laendern/ Stand: 18. Mai 2020

[66] https://med.stanford.edu/covid19.html

[67] https://www.n-tv.de/wissen/Coronavirus-nicht-gefaehrlicher-als-Grippe-article21752352.html

[68] https://profiles.stanford.edu/john-ioannidis

[69] https://www.deutsche-apotheker-zeitung.de/news/artikel/2020/05/12/covid-19-und-die-blutgerinnung

[70] https://www.tagesschau.de/wirtschaft/boerse/corona-schnelltest-107.html

[71] https://www.npr.org/sections/goatsandsoda/2020/03/27/822407626/mystery-in-wuhan-recovered-coronavirus-patients-test-negative-then-positive?t=1587489454764

[72] https://www.ncbi.nlm.nih.gov/pubmed/32219885 und
https://www.wodarg.com/2020/04/01/was-misst-der-test-eigentlich/

[73] https://www.dzif.de/de/erster-test-fuer-das-neuartige-coronavirus-china-ist-entwickelt

[74] https://www.rtl.de/cms/corona-test-kann-virologe-christian-drosten-jetzt-reich-werden-4516740.html

[75] https://www.tagesspiegel.de/wissen/communicator-preise-fuer-berlin-virologe-christian-drosten-und-fischereiforscher-robert-arlinghaus-ausgezeichnet/25755148.html

[76] https://www.gatesfoundation.org/How-We-Work/Quick-Links/Grants-Database#q/k=charite

[77] https://www.br.de/nachrichten/bayern/schwabinger-chefarzt-corona-nicht-gefaehrlicher-als-influenza,RphX42Z?fbclid=IwAR0eoayo-STIWy4Fkbl0x7EWC1_NsQ93wXiQDNzf2LLt35dPEvq7C6ZfiSE

[78] https://www.deutsche-apotheker-zeitung.de/news/artikel/2020/05/11/sars-cov-2-antikoerpertest-jetzt-kassenleistung

[79] https://www.youtube.com/watch?v=9WBAFQedumk

[80] https://www.handelsblatt.com/dpa/konjunktur/wirtschaft-handel-und-finanzen-covid-test-an-papaya-who-weist-kritik-von-tansanias-praesident-zurueck/25811710.html?ticket=ST-5376108-pOYHtqelljd2yno3cJmc-ap3

[81] https://www.youtube.com/watch?v=LfbbikCPoHk&t=29s

[82] https://interaktiv.tagesspiegel.de/lab/karten-so-hat-sich-das-coronavirus-ausgebreitet/

Kapitel 4 – Hintergründe und Entstehung der Pandemie

[83] https://interaktiv.tagesspiegel.de/lab/karten-so-hat-sich-das-coronavirus-ausgebreitet/

[84] https://www.tagesschau.de/ausland/coronavirus-chronologie-101.html

[85] https://interaktiv.tagesspiegel.de/lab/karten-so-hat-sich-das-coronavirus-ausgebreitet/

[86] https://de.wikipedia.org/wiki/COVID-19-Pandemie_in_Italien

[87] https://de.wikipedia.org/wiki/COVID-19-Pandemie_in_Spanien

[88] https://www.dw.com/de/was-ist-ein-internationaler-gesundheitsnotstand/a-52202368

[89] https://en.wikipedia.org/wiki/Michael_J._Ryan_(doctor)#cite_note-2020-FormerTraumaSurgeon-COVID-9

[90] https://www.spiegel.de/wissenschaft/medizin/who-ruft-internationalen-gesundheitsnotstand-wegen-coronavirus-aus-a-16505dcd-2af6-4edb-a042-4e4e7d70e384

[91] https://www.who.int/influenza/resources/documents/pandemic_phase_descriptions_and_actions.pdf

[92] http://assembly.coe.int/CommitteeDocs/2010/20100329_Memorandum Pandemie_E.pdf

[93] https://www.rki.de/SharedDocs/FAQ/Pandemie/FAQ20.html

[94] https://www.who.int/influenza/preparedness/pandemic/influenza_risk_management_update2017/en/

[95] https://www.arznei-telegramm.de/html/2010_06/1006059_01.html

[96] https://www.tagesschau.de/faktenfinder/letalitaet-coronavirus-101.html

[97] https://www.focus.de/gesundheit/news/pathologen-kritisieren-das-rki-statistik-eine-riesige-katastrophe-wie-viele-menschen-starben-wirklich-durch-covid-19_id_11876332.html

[98] https://www.euromomo.eu/outputs/cumulated.html

[99] https://swprs.org/covid-19-hinweis-ii/

[100] https://eppendorfer.de/corona-angstforscher-warnt-vor-panikmache/

[101] https://www.youtube.com/watch?v=LvRcCndeGik

[102] Quelle: Statista.de

[103] https://www.spiegel.de/wirtschaft/service/wegen-coronavirus-rund-50-000-krebs-operationen-in-deutschland-verschoben-a-d327e5ea-6552-4f9b-9adb-0b95b9001f36

[104] https://www.deutsche-apotheker-zeitung.de/news/artikel/2019/10/04-10-2019/mild oder schlimm-wie-war-die-letzte-grippesaison

[105] Quelle: RKI

[106] Quelle: Wikipedia

[107] Quelle: ORF, 22.4.2020

[108] https://www.facebook.com/herbertkickl/

[109] https://www.n-tv.de/politik/Hat-Kurz-Osterreich-Angst-gemacht-article21746295.html

[110] https://www.youtube.com/watch?v=4zCOx3thH5Y

[111] https://www.youtube.com/watch?v=zuM8kak-hG8

[112] https://de.wikipedia.org/wiki/Anthrax-Anschläge_2001 und https://2001-2009.state.gov/secretary/former/powell/remarks/2003/17300.htm

[113] https://www.faz.net/aktuell/wirtschaft/ciprobay-abruecken-von-cipro-keine-katastrophe-fuer-bayer-139949.html

[114] https://www.fr.de/politik/coronavirus-sars-cov-2-daenemark-notfalls-militaer-13598503.html

Kapitel 5 – Horrornachrichten aus anderen Ländern

[115] Auf euromomo.eu werden folgende Länder erfasst: Österreich, Belgien, Dänemark, Estland, Finnland, Frankreich, Deutschland, Griechenland, Ungarn, Irland, Italien, Luxemburg, Malta, Niederlande, Norwegen, Portugal, Spanien, Schweden, Schweiz und Großbritannien

[116] https://www.derstandard.de/story/2000115751955/mangel-an-intensivbetten-in-italien-wir-befinden-uns-im-krieg

[117] https://www.thelancet.com/journals/laninf/article/PIIS1473-3099(18)30605-4/fulltext

[118] https://www.mdr.de/wissen/corona-berechnung-todesrate-unterschiede-italien-100.html

[119] https://www.secoloditalia.it/2020/03/coronavirus-la-gismondo-ammonisce-duramente-basta-snocciolare-numeri-sui-positivi-sono-dati-falsati/

[120] https://www.tank-deutschland.de/blog/

[121] https://vimeo.com/412447555

[122] https://www.cdc.gov/nchs/products/databriefs/db355.htm

[123] https://de.statista.com/statistik/daten/studie/1103602/umfrage/entwicklung-der-fallzahlen-des-coronavirus-in-den-usa/

[124] https://www.rnd.de/panorama/tausende-corona-tote-in-new-york-leichen-sollen-in-parks-begraben-werden-B6KSD54VOZXFXFDNFWBMSYDEUQ.html

[125] https://www.focus.de/politik/ausland/fast-5-200-tote-drohnenaufnahmen-zeigen-new-york-errichtet-massengraeber-auf-hart-island_id_11871800.html

[126] https://www.zeit.de/gesellschaft/zeitgeschehen/2010-07/massengrab-new-york

[127] https://www.nwzonline.de/politik/washington-analyse-coronavirus-in-den-usa-kuehlschrank-ist-so-gut-wie-leer_a_50,7,3643004733.html

[128] https://www.stern.de/gesundheit/donald-trump-schlaegt-vor--corona-patienten-

desinfektionsmittel-zu-spritzen-9238450.html

[129] https://www.tagesschau.de/ausland/trump-desinfektionsmittel-101.html

[130] https://www.tagesspiegel.de/politik/merkel-versus-trump-in-der-corona-pandemie-warum-in-den-usa-die-merkel-mania-floriert/25802666.html

[131] Im Juli 2020 waren es bereits über 3 Millionen Menschen

[132] https://countrymeters.info/de/United_States_of_America_(USA)

[133] https://www.dawn.com/news/1560172

Kapitel 6 – Kontrolle des Staates über die Bevölkerung

[134] https://www.tagesspiegel.de/politik/eskalation-in-abgeriegelten-hochhaus-in-goettingen-polizeipraesident-nennt-einsatz-absolut-gerechtfertigt/25935844.html

[135] https://www.tag24.de/thema/coronavirus/heidelberg-medizinrechtlerin-beate-bahner-corona-massnahmen-sind-verfassungswidrig-klage-bundesverfassungsgericht-1478077

[136] https://www.tagesschau.de/faktenfinder/corona-beate-b-101.html

[137] https://www.mdr.de/nachrichten/panorama/corona-quarantaene-verweigerer-strafen-einsperren-100.html

[138] https://youtu.be/-ZlhyaSufSs

[139] https://www.etl-rechtsanwaelte.de/aktuelles/erste-gerichtsentscheidungen-zum-coronavirus Stand: 22.5.20

[140] https://m.focus.de/politik/deutschland/corona-regeln-in-deutschland-massnahmen-sind-verfassungswidrig-rechtsanwaeltin-uebt-trotz-lockerungen-deutliche-kritik_id_12012673.html

[141] https://www.stern.de/p/plus/politik-wirtschaft/politik-und-corona--ist-das-infektionsschutzgesetz-verfassungskonform--9210580.html

[142] https://www.manager-magazin.de/unternehmen/artikel/dehoga-70-000-hotel-und-gastronomiebetrieben-droht-insolvenz-a-1306373.html

[143] https://www.faz.net/aktuell/wirtschaft/corona-60-prozent-aller-tourismus-unternehmen-vor-insolvenz-16753477.html

[144] https://www.tagesspiegel.de/politik/ex-verfassungsrichter-ruegt-regierung-papier-sieht-in-coronavirus-krise-freiheitsrechte-bedroht/25793984.html

[145] https://www.spiegel.de/politik/deutschland/christina-lambrecht-und-hans-juergen-papier-freiheit-oder-sicherheit-was-zaehlt-mehr-a-00000000-0002-0001-0000-000170716174

146 https://www.sueddeutsche.de/politik/coronavirus-grundrechte freiheit-verfassungsgericht-hans-juergen-papier-1.4864792?reduced=true

[147] https://www.youtube.com/watch?v=Vx6edXoRHRc

[148] https://corona.saarland.de/DE/service/downloads/_documents/corona-

verfuegungen/dld_2020-03-31-amtsblatt-rechtsverordnung.pdf

[149] https://www.youtube.com/watch?v=RipSxJp-a44

[150] https://www.youtube.com/watch?v=FJroovfXunE

[151] https://www.deutsche-apotheker-zeitung.de/news/artikel/2020/05/04/spahn-verteidigt-plaene-fuer-generellen-corona-immunitaetsnachweis

[152] https://lobbypedia.de/wiki/Jens_spahn

[153] Focus vom 26.11.2012; Ausgabe: 48; Seite: 28-32

[154] https://lobbypedia.de/wiki/Jens_spahn

[155] https://www.verfassungsschutz.de/de/arbeitsfelder/af-reichsbuerger-und-selbstverwalter/zahlen-und-fakten-reichsbuerger-und-selbstverwalter/reichsbuerger-und-selbstverwalter-personenpotenzial-2019

[156] https://www.n-tv.de/politik/Reichsbuerger-rufen-zum-Widerstand-auf-article21719344.html

Kapitel 7 – Die Kritiker der Corona-Maßnahmen

[157] Neuseeland gilt als souveräner Staat unter britischer Krone.

[158] https://enacademic.com/dic.nsf/enwiki/263079

[159] Etwa die Vorwürfe an die WHO im Rahmen des Skandals um die Tabakkonzerne oder im Rahmen der Schweinegrippe, wie im Kapitel 1 und 2 beschrieben.

[160] https://www.youtube.com/watch?v=w5hElXP_j2Y

[161] https://www.youtube.com/watch?v=w5hElXP_j2Y

[162] https://www.youtube.com/watch?v=w5hElXP_j2Y

[163] https://www.wodarg.com/2020/05/04/corona-was-always-here/

[164] https://www.wodarg.com/impfen/

[165] https://www.laborjournal.de/editorials/2017.php

[166] https://www.laborjournal.de/editorials/2017.php

[167] https://www.youtube.com/watch?v=w5hElXP_j2Y

[168] https://www.youtube.com/watch?v=w5hElXP_j2Y

[169] https://www.spiegel.de/wissenschaft/medizin/coronavirus-die-gefaehrlichen-falschinformationen-des-wolfgang-wodarg-a-f74bc73b-aac5-469e-a4e4-2ebe7aa6c270

[170] https://idw-online.de/de/news656803

[171] https://www.youtube.com/watch?v=w5hElXP_j2Y

[172] https://www.dw.com/de/coronavirus-chloroquin-studie-wegen-todesfällen-in-brasilien-abgebrochen/a-53129832

[173] https://www.apotheke-adhoc.de/nachrichten/detail/internationales/who-aus-fuer-hydroxychloroquin-und-chloroquin-studien-gestoppt/

[174] https://www.youtube.com/watch?v=LsExPrHCHbw

[175] https://www.docdroid.net/23IE5dj/sucharit-bhakdi-offener-brief-offentlichkeit-black-pdf#page=4

[176] https://www.youtube.com/watch?v=xc-e8zaxicQ&feature=youtu.be

[177] https://rp-online.de/panorama/coronavirus/wirtschaftsprofessor-stefan-homburg-warum-der-lockdown-unberechtigt-ist_aid-50253127

[178] https://www.spiegel.de/politik/ausland/corona-krise-ist-das-virus-weniger-toedlich-als-angenommen-a-a6921df1-6e92-4f76-bddb-062d2bf7f441

[179] https://www.youtube.com/watch?v=INtHx0PuLn8

[180] https://www.deutschlandfunk.de/das-magazin-rubikon-journalistischer-grenzgaenger.2907.de.html?dram:article_id=390378

[181] https://www.youtube.com/watch?v=INtHx0PuLn8

[182] https://www.amazon.de/Fehlalarm-Hintergründe-Zwischen-Panikmache-Wissenschaft/dp/3990601911

[183] https://swprs.org/covid-19-hinweis-ii/

[184] socialblade.com vom 11.5.2020

[185] https://widerstand2020.de vom 11.5.2020

[186] https://www.tagesschau.de/inland/widerstand-2020-101.html

[187] https://www.rnz.de/nachrichten/sinsheim_artikel,-sinsheim-arzt-und-youtube-star-bodo-schiffmann-gruendet-neue-partei-arid,519411.html
Stand: 26. Juli 2020

[188] https://www.wsj.com/articles/the-coronavirus-pandemic-will-forever-alter-the-world-order-11585953005

Kapitel 8 – Symptome und Schutzmaßnahmen

[189] https://www.focus.de/wissen/mensch/pandemie-verschaerft-situation-300-000-tote-taeglich-ueber-monate-corona-stuerzt-welt-in-eine-hunger-pandemie_id_11955034.html

[190] https://www.der-winzer.at/news/2020/05/gastro-paket-bringt-sektsteuer-zu-fall.html

[191] https://www.sueddeutsche.de/wissen/schweinegrippe-die-welle-hat-begonnen-1.140006

[192] https://www.handelsblatt.com/finanzen/anlagestrategie/trends/kursverluste-der-corona-crash-vernichtet-19-billionen-euro-an-der-boerse/25708596.html vom 14.5.2020

[193] https://www.spiegel.de/wirtschaft/unternehmen/corona-krise-der-schnellste-boersencrash-aller-zeiten-a-2b6cde01-966d-4aa4-b7b9-90f2c4886415

[194] https://www.manager-magazin.do/finanzen/boerse/dax-aktueller-bericht-von-der-boerse-mit-aktien-und-eurokurs-a-1305873.html

[195] https://www.youtube.com/watch?v=wbluB6Vuytw

[196] https://www.welt.de/politik/ausland/article155359524/Die-EU-will-einen-

Superstaat-genau-wie-einst-Hitler.html

[197] https://rp-online.de/politik/deutschland/bussgeldkatalog-verschaerfungen-fuer-autofahrer-sollen-ueberarbeitet-werden_aid-51110197

[198] https://www.youtube.com/watch?v=Z7iORJJiYpg

[199] https://www.aerzteblatt.de/nachrichten/112862/28-Millionen-chirurgische-Eingriffe-weltweit-aufgrund-von-COVID-19-verschoben und https://bjssjournals.onlinelibrary.wiley.com/doi/full/10.1002/bjs.11746?af=R

[200] https://www.nzz.ch/international/coronavirus-weltweit-die-neusten-entwicklungen-ld.1534367

[201] https://www.bundesregierung.de/breg-de/aktuelles/geberkonferenz-covid-19-1750152 und https://www.manager-magazin.de/politik/weltwirtschaft/ coronavirus-geberkonferenz-soll-vier-milliarden-euro-einsammeln-a-1306720.html

[202] https://www.n-tv.de/politik/Das-steckt-hinter-dem-Corona-Leak-article21779209.html

[203] https://www.youtube.com/watch?feature=share&v=gknqrzrNAqU&app=desktop

Kapitel 9 – Abschließende Worte

[204] https://www.rnd.de/politik/black-lives-matter-so-bringen-zwei-junge-frauen-hunderttausende-auf-die-strasse-E3HKYUWL5VCBPGDBAHTERZX4JI.html

[205] https://www.youtube.com/watch?v=PPT2Spw_EKY

[206] https://www.worldometers.info/de/

[207] https://de.statista.com/statistik/daten/studie/38995/umfrage/weltweite-todesfaelle-aufgrund-chronischer-krankheiten/

[208] https://www.zeit.de/politik/ausland/2020-07/spanien-coronavirus-infizierte-ausschluss-regionalwahlen-verfassung

[209] https://m.apotheke-adhoc.de/nachrichten/detail/coronavirus/deutschland-bestellt-astrazeneca-impfstoff/

Bücher im DC Verlag

PANDEMIE – Die Welt im Corona-Krieg
Andreas Dripke, Markus Miksch
148 Seiten, Paperback, ISBN: 978-3-947818-13-6

Denken 4.0 – Welt im Umbruch. Was die klügsten Köpfe eines globalen Think Tank über unsere Zukunft denken.
Buddhi K. Athauda, Thi Thai Hang Nguyen, Andreas M. Dripke
332 Seiten, Hardcover, ISBN: 978-3-947818-00-6

Mein Atomknopf ist größer – America vs. North Korea
Jamal Qaiser
184 Seiten, Hardcover, ISBN: 978-3-947818-01-3

Stasi 2.0 – Wie wir durch den staatlich-industriellen Digitalkomplex zu gläsernen Bürgern werden und was das für unsere Zukunft bedeutet.
Andreas Dripke, Markus Miksch
444 Seiten, Paperback, ISBN: 978-3-947818-05-1

Rechtsruck – Wie das Wiedererstarken des Nationalismus Deutschland in die Katastrophe führt
Anonyme Autoren
660 Seiten, Paperback, ISBN: 978-3-947818-06-8

Diplomatic Council

Das vorliegende Werk ist im Verlag des Diplomatic Council erschienen.

Das Diplomatic Council (DC) verknüpft einen globalen Think Tank, ein Business Network und eine Charity Foundation in einer einzigartigen Organisation mit Beraterstatus bei den Vereinten Nationen.
Unsere Mitglieder vertreten die feste Überzeugung, dass Wirtschaftsdiplomatie ein tragendes Fundament für die internationale Völkerverständigung und den friedlichen Umgang der Nationen darstellt.

Weitere Informationen: www.diplomatic-council.org/de